Fr. Bosa inc.

Card. Pietro Bembo.

SCELTA

DI

LETTERE FAMILIARI

DEL CARDINALE

PIETRO BEMBO

VENEZIA

TIPOGRAFIA DI ALVISOPOLI

MDCCCXXX

Scolta Di Lettere Familiari Del Cardinale Pietro Bembo

Pietro Bembo

AI LEGGITORI

Tra le varie Opere nella nostra favella scritte dal grande restitutore della latina ed italiana letteratura, il Cardinale PIETRO BEMBO, furono sempre tenute in grande considerazione le sue *Lettere familiari*; ma, o sia la oggidì diminuita importanza de' loro argomenti, o sia la scompigliata pubblicazione che di esse si è sempre fatta; o sia la voluminosa copia già venutane in luce, egli è certo che tali Lettere trovano oggidì iscarso numero di lettori. Io confido di vendicare in qualche parte i diritti che hanno questi modelli d'ogni eleganza, rendendoli più universali con questa scelta, la quale è disposta con ordine cronologico. Si persuada la gioventù italiana che dalla considerata loro lettura sarà indicibile il profitto che potrà trarne. Alle lettere ho premesso un compendioso ragguaglio della Vita e delle Opere dell' Autore; ragguaglio che, leggendosi non disgiunto dalle medesime, serve a dare di sì grand' uomo il più vero ritratto.

B. GAMBA

DELLA

VITA E DELLE OPERE

DEL CARD.

PIETRO BEMBO

Di Bernardo Bembo e di Elena Marcello, patrizj illustri, nacque Pietro in Venezia il dì 20 di maggio 1470. Era il suo genitore uomo cultissimo, la cui fama spezialmente rimane per la munificenza sua nel far innalzare in Ravenna a proprie spese un marmoreo monumento a Dante Allighieri. Aveva Pietro otto anni appena quando suo padre, mandato imbasciadore a Firenze, seco il condusse, ed ivi cominciò di buon' ora a prendere affetto a quella lingua di cui divenne appresso il primo e vero restitutore. Reduce in Venezia si perfezionò nella cognizione della lingua latina alla scuola di Gio. Alessandro Ortica, e venutogli desiderio di apprendere anche la lingua greca, in compagnia di Angelo Gabriele, altro culto viniziano patrizio suo amico, si determinò di passare alla scuola che Costantino Lascaris teneva con grande plauso nella città di Messina. Vi fu, e vi rimase due interi anni (1492 e 1493), e ricco di cognizioni ritornò indi in patria, dove strinse amicizia con Aldo Manuzio, cui regalò un suo Dialogo sull' Etna, e la Grammatica greca del suo precettore, che non tardò il dotto tipografo a consegnare alla luce. Di Venezia recossi a Padova a compiere il corso di filosofia, obbedendo al padre che volealo incamminato nelle pubbliche magistrature; del che però non tardò a infastidirsi, sentendosi esclusivamente inclinato alla cultura delle lettere umane. Per abbandonarvisi senza inciampi vestì l'abito religioso, senza però punto innalzarsi sin al sacerdozio, e mirò allora di lena a quella meta cui poi gloriosamente pervenne.

Recossi a Ferrara perchè i suoi studi filosofici avessero intero compimento, ed ivi lietamente se ne viveva col Leoniceno, col Tebaldeo, e sopra tutti col Sadoleto, a cui rimase attaccatissimo per tutta la vita. Strinse particolari legami con Ercole Strozzi, nella cui villa di Recano posta sulla sinistra del Po, soggiornando, non isdegnò di copiar di sua mano tutto il Canzoniere del Petrarca, e tutta la Divina Commedia dell'Allighieri, che tuttavia si conservano in un Codice della Vaticana (Cod. N. 3197 colle seguenti parole al fine: *Finitus in Recano Herculis Strozza mei. Sept. XI. Aug. MDII.*) Non trascurava le occasioni di guadagnarsi il favore del principe Alfonso d'Este, il quale l'anno 1501 s'unì in matrimonio con la famosa Lucrezia Borgia, e di essa ancora, fors'anche eccessivamente, diventò il Bembo familiare ed amico. Scrive il Mazzuchelli che nell'Ambrosiana di Milano si conservano alcune lettere da lei indirizzategli. Reduce da Ferrara a Venezia si ascrisse alla bella schiera dell'Accademia che in sua casa teneva il già ricordato Manuzio, ed insieme col Gabrieli, col Sanudo, col Navagero, con l'Egnazio, e con altri dotti non isdegnava di assistere alle correzioni de' Classici greci che uscivan da' torchj della famosa tipografia Aldina.

Dopo un viaggio che fece a Roma, dov'era salito al pontificato il gran papa Giulio II., recossi l'anno 1506 alla Corte d'Urbino, e tanto fu contento dell'accoglienza di que' principi, Guidubaldo ed Elisabetta, e degli illustri che frequentavano la loro Corte, che vi si trattenne pel corso di circa sei anni. Vi si trovava tra gli altri l'allora fuoruscito Giuliano de' Medici, fratello del card. Giovanni che divenne papa Leon X, e con esso Giuliano trasferitosi a Roma, seppe il Bembo guadagnarsi la considerazione del pontefice. Dicifrò un vecchio codice scritto con difficili abbreviature, che dalla Dacia era stato ad esso pontefice spedito in dono, e sappiamo da una sua Epistola latina che tal valentia niente meno gli valse del dono di una ricca commenda in Bologna. Giulio morì, e Leone X suo successore, prima ancora di uscir del conclave, elesse il Bembo a suo segretario coll'assegno di annui 3000 scudi, dandogli a collega l'amico Sadoleto: due sapienti che introdussero tosto un insolito fior di eleganza nelle lettere latine. Gli affidò il papa anche altri incarichi d'intima confidenza con grande profitto e onore dal Bembo sostenuti.

Nel 1514 fu inviato solennemente alla patria, ed allora disse nel viniziano Senato, trovandosi doge Leonardo Donato, quella bella

Orazione che abbiamo a stampa fra le sue opere. Nel 1516 fu a Ravenna per nuova missione che gli fruttò altro appanaggio di tre mila fiorini d'oro, di maniera che ogni sorte di beni felicitavanlo ad un tempo. Ma sì la lautezza del vivere che i rilassati costumi di quel tempo lo fecer inciampare nell'intima relazione di una leggiadra giovane, chiamata *Morosina*, la quale pel corso poi non interrotto di 22 anni seco lui visse nella più intima familiarità, sicchè n'ebbe due maschi ed una femmina. Lavinio, uno de' maschi, gli morì giovinetto, l'altro, di nome Torquato, riuscì uomo di non comuni lettere, e di Elena sua figliuola ci rimangono a stampa alcune Lettere volgari fra quelle di *Diversi al Bembo*.

Venuto a morte l'anno 1519 il genitore di Pietro, ed in quel tempo assai indebolito trovandosi egli pure nella salute, recessi da Roma a Padova per la cura de' bagni, dove poi si trattenne, giunta essendogli la notizia della morte di Leon X avvenuta il 1. dicembre 1521; notizia che lo determinò a rinunziare a' pubblici negozj, ed a spendere il rimanente de' suoi giorni in Padova. Quivi l'aere eragli confacente, quivi s'era formata una schiera di eletti amici, sicchè in breve la sua casa divenne il tempio delle Muse, fornita di doviziosa libreria, di ogni genere di antichità, di medaglie, e di sontuoso giardino. Cola Bruno, che avea condotto seco da Messina, e che con lui visse per ben 45 anni, dirigeva la famiglia, non senza essere suo instancabile compagno negli studi. Passava le stagioni di primavera e di autunno ad una contigua campagna, detta di Villa Bozza, che *Nonnianum* appella nelle sue epistole latine, ed ivi spezialmente si componevano le sue belle prose e i suoi versi. Non interruppe un tenore di vita sì delizioso se non che alla elezione del pontefice Clemente VII, salito al trono l'anno 1528, nel qual tempo recossi a baciargli i piedi, ufficio che trovava dovuto ad un principe appartenente alla casa Medici, la quale gli si mostrò sempre assai affezionata. Breve fu il suo soggiorno in Roma, chè Padova eragli meglio in sul cuore, e ritornatovi, venne dalla sua Repubblica eletto a scrivere la Storia della medesima: incarico prima di lui dato ad Andrea Navagero, il quale però negli estremi del viver suo volle abbruciati i libri che ne avea già composti. Venne anche poco dopo prescelto a Bibliotecario di S. Marco, al qual carico sostituì i suoi amici Giambatista Ramusio e Benedetto Ramberti, non amando egli di stabilire in Venezia il suo soggiorno, e contentandosi di avervi un'abitazione a pubbliche spese per recarvisi all'uopo di esaminare carte e documenti necessarj alla perfezione della Storia che stava scrivendo.

Mancato, intanto di vita anche il pontefice Clemente VII gli succedette l'anno 1534 Paolo III, il quale determinato avendo di eleggere nuovi Cardinali tra gli uomini della più estesa fama, fermò sul Bembo lo sguardo; se non che non mancarono uomini zelanti i quali il resero avvertito, che le poesie del Bembo, le sue troppo libere opinioni, la sua maniera di vivere più da pagano che da cristiano, e la prole ch'eragli d' attorno doveano allontanargli un tanto favore. Ma la Morosina era già morta sin dall'agosto 1535 ; il Bembo già compiagneva le passate capestrerie ; era egli ormai giunto al suo sessagesimo anno, e dovea cuocergli la mancanza di un fregio non punto ambito ma contrastato. Scrisse dunque egli stesso al Pontefice, e definitivamente ottenne il cappello cardinalizio il dì 24 marzo 1539. Recossi a Roma, fecesi ordinar prete nel giorno di Natale dell'anno stesso, ed alla nuova dignità seppe tosto congiugnere un nuovo spirito di ecclesiastico fervore, sicchè, dato bando alle amenità delle lettere, tutto occupossi nello studio de' Libri sacri e de' Padri, null'altro ritenendo intorno a' primitivi suoi studi fuorchè l'incarico della continuazione della Storia viniziana, che ci lasciò scritta nelle due lingue latina e italiana.

Due anni dopo la sua promozione, Paolo III gli conferì il vescovado di Gubbio, nella qual sede erasi mostrato contento di compiere il corso de' suoi giorni, ma il pontefice non tardò a richiamarlo a Roma per affidargli altri incarichi; ed a fine che vi soggiornasse con mezzi proporzionati al suo grado, gli concesse il ricco vescovado di Bergamo, dove però non recossi giammai, eletto avendovi a suo coadiutore Vittore Soranzo vescovo di Nicea. Tre anni ancora passò il Bembo in Roma colmo di ogni sorte d'onori, ma finalmente un disgraziato accidente affrettò l'ultima sua ora. Trovavasi alla campagna, e volendo passare, essendo a cavallo, per una porta soverchiamente stretta, e urtando nelle pareti, talmente

si percosse un fianco che fu colto da lenta
febbricella, la quale bastò a troncare i suoi
preziosi giorni il dì 18 gennaro 1547 in età
di anni 77. Lasciò in testamento tutt' i suoi
beni al suo figliuolo Torquato, che poi morì
Canonico di Padova ed in riputazione di uomo cultissimo l'anno 1595. Fu il Cardinale
sepolto in Santa Maria della Minerva dietro
all'altar maggiore, tra Leone X e Clemente VII, ed il suo figliuolo e suo legatario gli
fece scolpir sulla tomba questa semplice iscri-
zione:

PETRO BEMBO PATRITIO VENETO
OB EIVS SINGVLARES VIRTVTES
A PAVLO III. PONT. MAX.
IN SACRVM COLLEGIVM COOPTATO
TORQVATVS BEMBVS P.

Altri epitafj ebbe il Bembo, ed elegantissimo è
il Mausoleo erettogli nel tempio di S. Antonio
in Padova dal suo amico Girolamo Quirino
con busto in marmo scolpito da Danese Cata-
neo. Abbiamo ritratti suoi fatti da Raffaello,
da Tiziano, dal Vasari, e da altri; in oltre e
medaglie e busti in marmo e in bronzo, e
musaici che lo rappresentano; ed una sua ef-
figie in cammeo di lavoro bellissimo conserva
il march. Giacomo Trivulzio in Milano. In suo
onore scrissero Orazioni funebri lo Speroni e
il Varchi ed altri; e parea delitto il non metter a cielo il suo nome, sì che un Antonio
Brocardo il quale prese a far la satira delle sue
opere, venne tanto vilipeso che se ne morì di
dolore. La sua vita venne scritta dal Casa, dal
Gualteruzzi, dal Beccadelli, dal Porcacchi, dal
Sansovino, e fra' moderni, con molta diligenza

dal Mazzuchelli, dal quale presero lume l'Angiolini, il Zambelli, il Battaggia, autori che in quest'ultimi giorni altri elogj scrissero del Bembo. Il cav. Jacopo Morelli, che più addentro d'ogni altro penetrò nel merito di sì grand'uomo, scriveva: *Di lui rimangono ancora da conoscersi belle cose, che note non sono, e da svolgersene altre oscuramente state riferite* (*Memor. letta nell'I. R. Istit. Milano,* 1821, *in* 4.to *Vol. Secondo*).

Di sì grande restitutore e padre d'ogni bel sapere si pubblicarono molte volte separatamente le Opere scritte nelle due lingue, e furono poi raccolte ed in un corpo impresse in *Venezia,* 1729, *vol.* 4 *in foglio* con annotazioni e illustrazioni di Anton Federico Seghezzi. Delle sole italiane v'ha la ristampa di *Milano, Tipogr. de'Classici,* 1808-1810, vol. 12, *in* 8.; ma queste ampie Raccolte non rendono men importanti e men care le edizioni, o originali, o fatte per cura de' suoi amici, sicchè sembrami opportuno di darne qui un esatto ragguaglio.

OPERE LATINE

De Aetna Liber. Venet. Aldus, 1495, in 4.to

Prima e rarissima edizione e di gran prezzo, fatta per cura di Gio. Aurelio Augurello. Si ristampò: *Ven. de Sabio,* 1530, *in* 4.to; *Lugd. Gryphius,* 1552, *in* 8.vo; e coll'*Etna* di Cornelio Severo, *Amstelod.,* 1703, *in* 8.vo. Dedicò il Bembo questa sua Operetta giovanile, scritta in dialogo tra lui e suo padre, al dotto suo amico e concittadino Angelo Gabrieli. Per quanto affermano il Casa e il Gualteruzzi, fatto il Bembo già vecchio, mostravasene poco soddisfatto.

De imitatione Epistola. Sine ulla nota. In 4.to

Leggesi nel titolo di questa prima edizione: *Joh. Franc. Pici de Imitatione ad Bembum, et Bembi ea de re Liber impressus; cum eiusdem Pici Libello de Appetitu primae materiae et de Elementis.*

La lettera *de Imitatione* è scritta dal Bembo in data di Roma il dì 1. Gennaro 1513 in risposta a quella del Pico pure scritta da Roma il dì 19 di Settembre 1512. Tratta sul modo d'imitare lo stile degli Antichi, e spezialmente quello di Cicerone e di Virgilio. Si ristampò con alcune Operette del Pico: *Basileae, Frobenius*, 1508, *in 4.to,* indi la Epistola del Pico, e la risposta del Bembo: *Ven. de Sabio*, 1530, *in 4.to,* e poi in tutte le edizioni delle Opere latine del Bembo fatte in *Basilea* negli anni 1556, 1567, 1601, 1662, *in tre vol. in 8.vo.* Io sono fortunato possessore di un esemplare della edizione di *Venezia*, 1530, *in 4.to* arricchito di marginali aggiunte e postille autografe del Bembo; aggiunte e postille che meriterebbero d'essere mandate alla luce.

De Guido Ubaldo Feretrio deque Elisabetha Gonzaga Urbini Ducibus Liber. Venet. in Aedibus Sabiorum, 1530, in 4.to

Si ristampò per cura di Carlo Gualteruzzi: *Romae, Doricus, 1546, in 4.to.* e poi altre volte. Una traduzione di *Niccolò Mazzi da Cortona* abbiamo a stampa: *Firenze, Torrentino, 1655, in 8.vo*; ed il Mazzuchelli asserisce, che esiste nella Vaticana in Roma altra traduzione fatta dal Bembo medesimo.

De Virgilii Culice et Terentii Fabulis Liber. Venet. apud fratres Sabios, 1530, in 4.to

Si ristampò: *Lugdni, Gryphius, 1632, in 8.vo,* e *Florent.* 1664. *in 4.to.* E' un Dialogo filologico fra Ermolao Barbaro e Pomponio Leto in cui prendesi ad esame il Poemetto *de Culice* attribuito a

Virgilio ; e poi col fondamento di alcuni Codici
si esamina qualche passo delle Commedie dell' illustre liberto africano.

Benacus Petri Bembi-Augustini Beatiani Verona. Romae, in Aedibus F. Minutii Calvi, 1534, in 4.to

Molto rara edizione, consistente in tre soli
fogli di stampa segnati ABC duerni. Non è per-
altro la prima, essendosi impresso questo Poemetto la prima volta con quello *de Partu Virgi-
nis* del Sanazzaro: *Ven. Ald.* 1527, *in* 8.*vo*; *et ibid.*
1528, *in* 8.*vo*. Si ristampò poi molte altre volte colle Poesie latine dell'Autore, ed anche in fine alle
sue Epistole Latine scritte in nome del papa Leon
X nell' edizione di *Lione*, 1540, *in* 8.*vo*. In questo
Poemetto volle il Bembo far encomio all' esaltazione di Giammatteo Giberti a Vescovo di Verona.

Epistolarum Leonis X P.M. nomine scriptarum Libri XVI. Venet. de Ruffinellis, 1535, in fol.

Edizione prima, procurata da Cola Bruno col
consenso dell'Autore. Si ristampò: *Lugduni*, 1538,
in 8.*vo*; *Basileae*, 1539, *in* 8.*vo*; *Lugduni*, 1540,
in 8.*vo*, ed in quest'ultima edizione trovansi aggiunte Lettere dal Bembo scritte al Longolio, ad E-
rasmo, al Budeo. Si censurarono in queste Epistole le affettazioni di alcune formule proprie delle gentilità, ed adottate per iscrupolo soverchio di
non guastare la locuzione latina.

Rerum Venetarum Historiae Libri XII. Venet. Aldus, 1551, in fol.

Per cura di Carlo Gualteruzzi uscì in luce postuma questa Prima Edizione, che ha una Prefa-
zione in forma di Dedicatoria, la quale vuolsi det-
tata da monsignor Giovanni della Casa. Si ristampò nell' anno medesimo: *Parisiis, Vascosanus,*

in fol., indi in Basilea, in Strasburgo, ed in Venezia nella Raccolta degli Storici Veneziani, 1718. Contiene gli avvenimenti di presso che 27 anni, cioè dal 1487 in cui finì il Sabellico, sin alla morte di papa Giulio II.

Epistolarum Familiarium Libri VI. Venetiis, Scotus, 1552, in 8.vo

Galeazzo Roscio dedica questa Prima Edizione postuma al card. Ranuzio Farnese, ed è divisa in due parti, contenendo la Parte Seconda la ristampa delle Epistole dal Bembo scritte in nome di Leon X. Materiale ristampa si è quella: *Coloniae, Cholinus,* 1582, *in 8.vo.* La traduzione volgare di alcuna di queste Epistole, fatta da Lodovico Dolce, leggesi nella sua raccolta di *Lettere di diversi* ec., ed anche nel *Segretario* ec. da Francesco Sansovino.

Carmina. Venet. Gualterus, 1552 (al fine 1553) in 8.vo

Non conosco altre antiche edizioni. Nello scorso secolo si aggiunsero queste Poesie latine alle *Poesie italiane* nelle edizioni di *Bergamo* 1745, e di *Verona,* 1750, *in 8.vo.* Consistono in alcune Elegie, parecchi Epigrammi, ed Odi di gusto squisito. Sono talvolta troppo libere, siccome frutto degli anni giovanili del Bembo. Si leggono fra esse varj Epitaffj, ne' quali con bellissima latinità sta esposto l'elogio di alcuni spenti amici dell'Autore.

OPERE ITALIANE

Gli Asolani. Venezia, Aldo, 1505, in 4.to picc.

Presso lo stesso Aldo si ristamparono l'anno 1515, in 8.vo, e molte altre edizioni si hanno del secolo XVI, ma importante è quella di *Venezia,* da Sabio, 1530, *in* 4.*to* fatta colle seconde cure dell'Autore, che qua e là mutò o corresse. Osservabile è ancora la edizione di *Venezia, Scotto,* 1553, *in* 8.*vo.* Nella stampa di *Verona, Berno,* 1743, *in* 8.*vo,* ed in altre successive, stanno aggiunti Argomenti e Postille di ben poco conto, che sono lavori da Tommaso Porcacchi fatti per alcune vecchie edizioni del Giolito. Questa linda Operetta, frutto degli anni giovanili del Bembo, e che un tempo non era stimato nè letterato nè gentile chi letta non l'avesse, è divisa in tre Libri, nel primo de' quali dimostrasi: che amore è cosa amara ; nel secondo che non è cosa amara ma dolce ; nel terzo ch'è cosa dolce e amara ; e viene da ultimo un romito ad avvertire: che amore è cosa veramente dolce senza amaro quando rivolgasi alle celestiali bellezze. Quali inezie! Purità di lingua, sostenuta eleganza di frase, qualche pensiero gentile, sono i titoli che possano tener raccomandata quest'opera, in cui pure non mancano allusioni puerili, e giuochi di parole. Il Sanazzaro diceva a Paolo Giovio ch'egli non avrebbe mai voluto che il suo amico Bembo *avesse dato fuora gli Asolani.*

Le Rime. Terza impressione. Roma, Fratelli Dorico, 1548, in 4.to

La prima edizione si è fatta in *Venezia, da Sabbio,* 1530, *in* 4.*to* cui altre ne susseguitarono, ma la suddetta ristampa romana, veramente bella, è da tenersi in molta estimazione, siccome quella che fu procurata da Carlo Gualteruzzi, riveduta da Annibal Caro, ed accresciuta di rime sopra un originale del Bembo stesso dal Gualteruzzi posseduto. Contemporaneamente alla romana edizione altre due se ne fecero nello stesso anno in *Venezia, Giolito,* 1548, *in* 12.°, ed in ognuna di queste trovasi qualche diversa lezione. Tra le molte vecchie stampe di queste Rime molto leggiadra è quella fatta colle cure di Tommaso Porcacchi: *Venezia, Giolito,* 1564, *in* 12.*mo;* e tra le edizioni di più moderna

data stimabili sono quelle dateci da Pierantonio Serassi: *Bergamo, Lancellotti.* 1745, *in 8.vo ;* e *Verona, Berno,* 1750, *in 8.vo;* ed altra con annotazioni di Anton Federico Seghezzi, *Bergamo, Lancellotti,* 1753, *in 8.vo.* In quest'ultima furono tolte le Poesie latine che stavano nelle due antecedenti, e s'aggiunse la Vita dell'Autore rifatta sopra quella scritta da monsignor Lodovico Beccadelli. Per queste Rime si pose il Bembo alla testa de' Petrarchisti, come per le Prose fu imitatore perpetuo del Boccaccio.

Le Prose, nelle quali si ragiona della volgar lingua. Firenze, Torrentino, 1548 (o 1549) in 4.to

La prima edizione di queste Prose s'era fatta in *Venezia, Taccuino,* 1525, *in foglio* coll' assistenza di Cola Bruno, cui succedettero tosto altre ristampe; ma la più stimata è la suddetta del Torrentino, fatta ad istanza di Carlo Gualteruzzi e colle cure di Benedetto Varchi, il quale nella dedicazione al duca Cosimo scrive, che dobbiamo essere grati al Bembo *per avere purgata la lingua dalla ruggine de' passati secoli.* Tanto era il Bembo delicato intorno alla purezza dello scrivere, che dicesi che per ben quaranta fiate rivedesse le cose sue prima di pubblicarle, facendole passare di volta in volta per quaranta cassettini di uno scrigno. Si fecero a quest'opera critiche e difese, che stanno riunite nella ristampa di *Napoli,* 1714, *vol. 2, in 4.to,* ma le severe critiche del Castelvetro, e le giunte di Celso Cittadini hanno la migliore delle risposte nel perseverante buon successo del libro, risguardato anche oggidì siccome opera classica.

Lettere volgari. Roma, Dorico, 1548, in 4.°

E' questo bello e raro libro il *primo Volume* postumo delle Lettere del Bembo. Il *Volume secondo* fu impresso in Venezia, pe' figliuoli d'Aldo. 1550 (o 1551) in 8.vo ; il *Volume terzo, ed il quarto*

Bembo.   2

si pubblicarono in *Venezia, Gualtero Scoto*, 1552, *in 8.vo*; il quale Scoto ristampò nello stesso anno e nella stessa forma di *ottavo* anche i Volumi primo e secondo, co' quali formasi la raccolta Scotiana delle Lettere del Bembo. Si pubblicarono poi le *Lettere giovanili e amorose*, Mil. 1548, *in 8.vo*, e Brescia, 1567, *in 8.vo*, e le Lettere a Giammatteo Bembo in *Ven. Rampazetto*, 1564, *in 8.vo*, ma tronche e imperfette. Quest' ultime stanno esiandio nella pregevole ristampa di *Verona, Berno*, 1743, *vol. 5, in 8.vo*. Tutte queste Lettere sono sempre pure, sempre eleganti, sempre auree e magistrali.

Non poche Lettere del Bembo rimangono tuttavia inedite; se ne conservano nella Barberina di Roma, nell'Ambrosiana di Milano, nella Marciana di Venezia. Alcune ne ha pubblicate il Morelli ne' *Monumenti Veneziani ec. Ven., Palese*, 1796, *in 4.to*; alcun' altra Michele Battaggia nell' *Elogio del Bembo ec. Ven. Tipogr. d'Alvisopoli*, 1827, *in 8.vo*.

Istoria Viniziana volgarmente scritta. Ven. Scotto, 1552, in 4.to

Di questa edizione si trovano esemplari colla data 1572, il che però non è che per libraria impostura. Lo Stampatore ha dedicato questa prima ed imperfetta edizione ad Elisabetta Quirina, che fu col Bembo legata in amicizia. Abbiamo adesso la nuova splendida e correttissima edizione di questa Storia fatta colle cure di Jacopo Morelli: *Venezia, Zatta*, 1790, *vol. 2, in 4.to*. In essa il testo è ridotto alla sua integrità, conferito avendolo l'editore con un autografo che serbasi nella Marciana; ed ha lunghi brani di storia che per pubblica autorità erano stati tolti sì nell' originale latino, che nella versione anteriormente pubblicata; di maniera che giustamente può dirsi che la Storia volgarizzata e pubblicata dal Morelli è riuscita *matre pulchra filia pulchrior*.

LETTERE

Nessuna delle cagioni che recate è da credere che sia stata del non mi aver voi prima che ora scritto, chè tutte sono in acqua ed in aere fondate e pensate a tempo. Ma bene è verisimile che stato ne sia lo avermi voi voluto con la lunga dimora far giugnere le vostre lettere più care, siccome le molto disiderate cose giugnere sogliono. La qual cosa tuttavia era poco necessaria senza fallo alcuno, perciocchè in ogni tempo le vostre lettere state mi sarebbono di tanto soddisfacimento, che ad accrescere il diletto non arebbono lasciato luogo. Oltra che più grate, per tardare a venirci, essere non possono quelle cose, le quali non solo accettissime la loro eccellenza fa esser sempre e graziosissime, ma infinito dono è che elle una volta, quando che sia, giungano.

Perchè io vi ringrazio di così dolce uffizio, vie più che tutto quello non è che io posso esprimere scrivendo. E pongo questo obbligo in parte, che esso sempre mi sarà dinanzi, non già affine di scancellarlo e più tosto che io possa liberarmene, chè nessuna cosa ho in me di tanto pregio, o posso avere, che alla gravezza di questa bilancia contrappesi; ma perchè dolcissimo mi fia ogni ora ricordarmi di esser vostro debitore, quantunque molto prima che ora la grande vostra umanità, e la rara ed illustre virtù m' hanno obbligato, e con catena di debito astretto. Che voi vi persuadìate, che le basse e grosse donne siano appo me in leggier conto, non m'è ciò discaro tanto, quanto alle atte ed avvedute fu io e feci sempre e onore e riverenza. Perciocchè se per questa via voi vorrete che si argomenti, sarete conchiusa che il vostro scrivere era da me, innanzi ancora che io vi vedessi, desiderato, chè molto prima avea io avuto dell'altezza del vostro animo e del vostro gran valore certa e piena contezza.

A quanto mi scrivete avere inteso, che io mi sono ad una nuova impresa messo, e che di maniera ho in quella occupato l'animo che ogni altra cosa è appo me di poca stima tenuta, se io potessi comprendere a che bersaglio voi dirizzate queste parole m'ingegnerei di rispondervi, almeno per non finir così tosto questo a me dolcissimo ragionamento che io ora fo con voi; ma perchè non so immaginare in parte alcuna che cosa questa si sia, convengo tacere. Nè anco voglio rispondere a quella parte, dove dubitate che le vostre lettere non m'abbiano dato disturbo, chè certo sono l'abbiate detto per giuoco; se veramente non si dicesse, che disturbamento fossero le gioiosissime cose, se in quanto elle sturbano e scacciano de' nostri animi la maninconia: in questa guisa se pigliate il disturbare, certo sì che le vostre lettere m'hanno dato sturbazione infinita. La disposizione, che voi mi dimostrate dell'animo gentile vostro, m'è sì cara che nulla più. Piacesse a Dio, che io allo 'ncontro vi potessi proferir cosa di tutto pregio, di quanto gliele proferrei e donerei volentieri, se io l'avessi! Ma ed io sono a tanta cortesia debole e picciol dono, è tuttavia quel poco che io sono pure, prima che ora, è nelle vostre ragioni. Le raccomandazioni vostre, che dubitate se hanno in me luogo, mi sono ad un tempo giunte e per la dubitazione amare e per la loro qualità dolci; e perciocchè a me fa mestieré d'essere raccomandato, che servo, non a voi che signoreggiate, bisognevoli parimente. Al signor duca, ed a mad. duchessa sarete contenta raccomandarmi, ed a mad. Margherita, ed a mad. Costanza; e salutare a nome mio il conte, e messer Federico solamente. Io, quanto debbo, che è sopra ogni numero, a voi mi raccomando.

All' ultimo dì d'Agosto 1503. *In Ostellato del Ferrarese.*

A LUCREZIA BORGIA
DUCHESSA DI FERRARA.

E pure anco il mio travagliato bigio s'è cangiato in tristo nero, ed i miei presi augurj, siccome quelli di Vostra Signoria, hanno avuto troppo vero annunziamento. Messer Carlo, mio solo e caro fratello, unico sostegno e sollazzo della mia vita, se n'è al Cielo ito con la maggior parte del cuore mio; il quale io giunto qui, non solamente morto ho ritrovato, ma ancora seppellito, perchè il verso della Bibbia, da me a sorte letto per augurio delle future cose nel mio partir da voi, bene in tutto si facesse vero: *Obdormivitque cum patribus suis, et sepelierunt eum in civitate David.* Ahi fiera e maladetta disavventura! non ti bastano le ingiurie che per lo addietro

fatte m'avevi a ciascun passo della mia vita così dispettose, così gravi, se tu ancora
quella ferita non mi davi, della quale nessuna più profonda potevi darmi, nè più mortale
non uccidendomi, e se colui, il quale solo, e
le avverse cose in mio luogo sottentrando mi
facea più leggiere e le liete, che poche tuttavia ho vedute, alla loro parte venendo mi
tornava più soavi, nel fiore della sua giovanezza non mi toglievi? Mando per li miei che
io ho a Ferrara lasciati, e qui mi rimarrò, per
non lasciar almeno a questi dì di tutto orbo
il mio vecchio e dolorato padre, che certo ha
bisogno di conforto. Di mio ritorno niente
vi dirò, chè non so dirne. Basciovi la mano,
e quanto posso vi prego che non isdegniate,
dove io per voi adoperar mi possa, racono-
scermi per vostro servo, chè tanto meno infelice mi terrò quanto più vi degnerete comandarmi. State sana.

A' 5 Gennaio 1504. Di Venezia.

Alla Medesima.

Se io non v' ho più tosto quegli Ragionamenti mandati (*), che essendo l' anno passato in Ferrara vi promisi giunto che io fossi
qui di mandare, scusimi appo voi la morte del mio caro fratello messer Carlo, che io
oltre ogni mia credenza ritrovai di questa vita passato, siccome tosto che io ci giunsi ve
ne diedi contezza: la qual morte sì mi stordì,
che a guisa di coloro che, dal fuoco delle saette

(*) Qui intende parlare de' suoi *Asolani.*

tocchi rimangono lungo tempo senza sentimento, non ho ancora ad altro potuto rivolger l'animo che a questa mia insanabile e penetrevolissima ferita. Perciocchè io non solamente ho un fratello perduto, chè suole tuttavia essere grave e doloroso per sè, ma ho perduto un fratello che io solo d'amendue i miei genitori nato avea, e che pure ora nel primo fiore della sua giovanezza entrava, ed il quale per molto amore di me ogni mio volere facendo suo, nessuna cura maggiore avea che di tutte le cure alleggiarmi sì, che io agli studi delle lettere, i quali esso sapea essermi sopra tutte le cose cari, potessi dare ogni mio tempo e pensiero; ed oltre a ciò, di chiaro e di gentile ingegno, e per molte sue parti meritevole di pervenire agli anni della canutissima vecchiezza, o certo almeno a cui si convenia; perciò che egli era alla vita venuto dopo me, che ancora dopo me se ne dipartisse. Le quali tutte cose quanto abbiano senza fine fatta profonda la mia piaga, voi da quelle due che la ingiuriosa fortuna in ispazio di poco tempo v'ha date, potrete stimare. Ora, poscia che altro fare non se ne può, e chè in me per la tramissione di questo tempo, volgare e comune medicina, più tosto che per altro rimedio, il dolore e le lagrime hanno in parte dato luogo alla ragione e al diritto conoscimento, della promessa a voi fatta, e del mio debito sovvenutomi, tali quali essi sono ve gli mando, e tanto più ancora volentieri a questo tempo, quanto nuovamente ho inteso voi aver maritata la vostra gentile Niccola, stimandogli non disdicevole dono a così fatta stagione, affine che poi che ora per le mie occupazioni essere a parte delle vostre feste non posso, essi con voi, e con la vostra cara e valorosa madonna Angela Borgia, e con la sposa, favellino e tenzionino in mia vece, forse non senza i miei molto e da me amati e dal mondo onorati e di voi domestici e famigliari, messer Ercole Strozza e messer Antonio Tebaldeo. Ed avverrà, che quello che gli altri giovani hanno con altre donne tra sollazzi d' altre nozze ragionato, voi nelle vostre con le vostre damigelle e co' vostri cortigiani da me, che vostro sono, leggerete. La qual cosa e farete voi per avventura volentieri, siccome colei che vie più vaga d' ornare l'animo delle più belle virtù, che di care vestimenta il corpo, quanto più tempo per voi si può, ponete sempre, o leggendo alcuna cosa o scrivendo, forse acciò che di quanto con le bellezze del corpo quelle dell' altre donne soprastate, di tanto con queste dell' animo sormontiate le vostre, e siate voi di voi stessa maggiore, amando troppo più di piacere a voi sola dentro, che a tutti gli altri di fuora. Quantunque questo infinitamente sia, ed io assai buon guiderdone mi terrò avere di questa mia giovenile fatica ricevuto, pensando, per la qualità delle ragionate cose in questi sermoni, che possa essere che di cotesto vostro medesimo così alto e così lodevole disio, leggendoli, diveniate ancora più vaga. Alla cui buona grazia e mercè mi raccomando la mano basciandovi.

Il primo d'Agosto 1504. Di Vinegia.

ALLA MEDESIMA.

Rendo insieme con messer Vincenzio a Vostra Signoria infinite grazie della sua dolce cortesia usata in mandarci il Capitolo d'Ant. nel vero tutto grazioso e gentile, il quale sommamente ci è piaciuto, nè ci maravigliamo se a Vostra Signoria è piaciuto altresì. Non scrissi a Vostra Signoria per messer Ercole, chè esso venne qui per fuoco, come si dice, ed appena si lasciò vedere. Nè questi giorni passati ancora ho già buona pezza a Vostra Signoria scritto, chè sono stato alquante settimane padovano e villano. Pure che Vostra Signoria non dica che io sia stato villano solamente; essendo stato in mia libertà il dare a V. Signoria nuova di me e di villa e d'ogni luogo. Messer Ercole m'ha sollecitato, per nome di Vostra Signoria, a mandar fuora gli Asolani molte volte, nè bisognava che esso me ne sollecitasse mezza una, chè non mi sono ancora dimenticato quanto sia l'obbligo che a Vostra Signoria tengo, nè dimenticherò mai. Tuttavia alcune mie molto importanti occupazioni non m'hanno lasciato potere fin questo dì, al sommo disiderio mio di sempre ubbidire Vostra Signoria, soddisfare. Ora, siccome io dissi a messer Ercole, gli ho pure dato l'ultima mano, ed in quanto per me uscirebbono domani, chè non gli ho più a rivedere altrimenti. Quello che mi può ritenere a lasciargli da me partire ancora qualche giorno e mese, messer Ercole sa che glien'ho parlato. Così quella medesima fortuna che molte altre volte m'ha offeso, ed hammi fatto parere altro che io

non sono, per ancora non m'abbandona: ma
io non ne fo oggimai più stima nè caso alcuno, perciocchè tutto quello che ella m'ha potuto torre dolce e caro, veggo che ella m'ha
tolto. Avanzale a tormi solo questa vita, la
quale sono certo che ella m'arebbe già tolta
insieme con l'altre cose, se essa mi fosse o dolce
o cara, come già fu; ora, che vede che io la
disgrazio e dispregio, me la lascia poco meno
che mal mio grado. Ho avuto a questi giorni
lettere da monsignor Villaruel di Valenzia,
e molta salutazione per nome di madonna
Giovanna. Esso mi scrive, tra l'altre cose, che
io lo avvisi del buono stato di Vostra Signoria; il che ho già fatto. Il presente portatore,
messer Alfonso Ariosto, viene con sommo disiderio di fare a Vostra Signoria riverenza o
di conoscerla, già acceso della fiamma che i
raggi della vostra molta virtù gli hanno nel
petto appresa sentendone ragionare altamente molte fiate; col quale ieri in tali ragionamenti consumai dolcissimamente lunga ora;
anzi pure guadagnai, chè tutte le altre spen-
do e consumo in vano. Esso merita la buona
grazia di Vostra Signoria sì per questo, e sì
perchè è nel vero costumato giovane e giudi-
cioso assai e quanto si può gentile. Bascio a
V. S. la mano. Il simile fa messer Vincenzio.
A' 22 di Settembre 1504. Di Vinegia.

A GALEOTTO DELLA ROVERE
CARDINALE DI S. PIETRO IN VINCOLA.
A ROMA.

Non voglio io più dire per lo innanzi quello che dicono i poeti, Reverendiss. signor mio, che la fortuna è cieca, e per questo ella i beni, di cui essa è dispensatrice, a caso e sprovvedutamente dona a chiunque l'è più vicino, senza veder chi è quel tale che gli riceve, se è di loro meritevole, o altramente; posciachè ella avendone a V.S. con piena mano dati per lo addietro de' più cari alquante volte, nuovamente ancora, non aspettando vostra richiesta, ma ella stessa con sollecito passo incontro venendovi pure, delle sue più preziose cose vi fa dono; e più abbondevolmente che giammai, siccome qui a questi giorni per lettere di Roma con molta soddisfasion di tutta questa Corte s'è inteso. Anzi voglio io credere, che ella e occhi abbia e giudicio sopra gli umani avvedimenti maraviglioso; la quale, vedendo in voi albergare infinita virtù, procaccia di darvi modo che usare e spiegar la possiate in ogni parte, acciocchè quel sempre fiorito ingegno vostro non istea rinchiuso, ma abbia, per campo da potere stendere le sue braccia, tutto il cielo. Il quale ingegno se si vede già aver molto odore mandato (e per la debolezza del giovanetto pedal suo, e per le sovrastamente delle circostanti ombre speranza niuna non se ne avea), quai frutti si dee credere che egli sia per dar di sè alle genti, e per età divenuto robusto, e sopra gli altri illustrato dal sole? Io certo, considerata l'altezza del vostro animo, e quello che a me ne pare in poco spazio aver compreso e veduto, ogni bella o rara cosa prometto di voi a me stesso. Nè prodezza ho letta giammai così grande di quegli antichi spiriti cotanto dal mondo pregiati ed onorati, che sia maggiore della speranza che io del vostro valore nodrisco. Perchè basciandovi la mano, delle due nuove accessioni della vostra felicità tanto con voi mi rallegro quanto mi si conviene, e per l'osservanza che io da' raggi della vostra virtù racceso vi porto, e per gli obblighi che della dolce vostra umanità e cortesia dimostratami questi giorni nella mia brieve dimora di Roma, v' ho tanti e tali che nessuna catena è sì tenace, come il nodo col quale essi mi stringono. State sano.

A' 3 di Maggio 1505. *Di Ogobbio.*

A GIULIO TOMAROZZO.

A ROMA.

Di molte cose mi sento, valoroso messer Giulio mio, al nostro cortese Frisio tenuto, e di ciascuna grandemente, ma nel vero di nessuna tanto, anzi pur non di tutte insieme senza fallo alcuno, e perdonimi egli, quanto io gli sono dello avermi egli fatto conoscer voi. La qual cosa quantunque io stimassi già da prima per lo suo testimonio dovermi essere graziosissima e cara, del cui diritto giudicio aveva io per lo addietro vedute molte prove, pure tuttavia le vostre eleganti ed umanissime e dolcissime lettere da me nuovamente ricevute hanno fatto in maniera, che io ora molto maggiòr tesoro conosco avere in voi guadagnato, che nella mia dianzi credenza ed istimazion non 'era. Il quale conoscimento di quanta soddisfazione ed allegrezza mi sia, più agevolmente si può pensare che isprimere o ragionando o scrivendo. Perchè al buon giudicio vostro ed alla prova degli anni vegnenti lasciandolo, per ora non ne dirò più oltra. Ma al dono delle dieci medaglie che mi fate, venendo, senza fine vi ringrazio della vostra molta cortesia, sì perchè segni sono ed immagini della antica memoria, della quale ogni parte sommamente mi suole, come dite, dilettare, e sì perchè sono elleno belle assai e per se stesse dono grande e gentile. Terrolle adunque per queste cagioni care, e vie più ancora, perchè vengono da voi e sono primier testimonio della nostra amistà. Le vostre animose offerte non rifiuto; userolle eziandio, quando me ne verrà mestiero, tuttavia tanto più confidentemente, quanto voi v'arete presa di me sicurtà, ed usatomi e operatomi a guisa di vostro non solo buono amico, ma ancora buon fratello. Arete con queste lettere i miei Asolani, i quali vi mando non già perchè abbiate voi cosa che meriti di stare in sì caro luogo, ma perchè non ho io pegno più caro da mandarvi a stare, che questo parto. E pure voglio che a mia soddisfazione alcuna cosa delle mie vi stia. State sano.

A' 25 di Novembre 1505. *Di Vinegia.*

A GALEOTTO DELLA ROVERE
CARDINALE DI S. PIETRO IN VINCOLA.
A ROMA.

Dolcissime e carissime sopra tutte le altre cose che io avessi potuto ricevere a questo tempo, vero unico Signor mio, mi sono le lettere di V. S. state. Perciocchè elle m'hanno recato quel dono, del quale tutti gli altri insieme che io in questa vita ho giammai dalla mia fortuna ricevuti, sono senza fallo minori; e ciò è l'amore e la grazia di voi: non perchè io stimato non abbia prima che ora nel capacissimo e liberalissimo vostro animo aver luogo, ma perchè averlo tale quale esse vostre lettere mi dimostrano che io abbia, e rendono certo e sicuro, appena che io ardiva di desiderare. Alle quai lettere, sì perchè elle di sì prezioso tesoro mi sono apportatrici, e sì ancora perciò che sono vergate dalla amorata man vostra, non ho saputo dar migliore stanza, che il cuore stesso mio; nel quale già ogni loro parola si legge impressavi con sì forte intaglio, che nessuna ora verrà mai che le possa levar via. Rendone ad Amore molta grazia; il quale, siccome ha fatto degli elementi, che il più sovrano ha col più infimo con maravigliosi nodi legato, così veggo che ora fa di V. S., così grande e alto Prencipe come ella è, e di me, che sono così picciolo e così umile, con indissolubile catena legandomi e stringendomi. E per confessare a V. S. il vero, a cui niuno affetto del mio animo dee essere celato o nascoso, dico, che io incomincio a stimar me stesso qualche poco poscia che io nella vostra grazia mi veggo essere; e parmi almeno in questa parte della fortuna esser somigliante a quel gran Tosco, al quale vorrei eziandio in quelle dello 'ngegno rassomigliare. Perciò che peravventura in quegli anni della sua età, nei quali io con la mia Quercia ho la mia divozione incominciato, egli con la sua Colonna (*) la sua dimestichezza incominciò, che poi lungamente, quanto le loro vite si mantennero seguendo e continuando, fu all'uno di sollazzo e di loda, che ancor lo segue, all' altro di sollevamento e di conforto che quanto egli visse l' accompagnò, dolce e bella cagione. Nella quale somiglianza tuttavia io da lui mi sento avvantaggiato in ciò, che egli ad un marmo s' appoggiò sterile di sua natura e duro; dove io all'ombra d' uno albero mi son posto, e per la poco età molle e dilicato, e per lo molto umore che egli dalle sue radici piglia, crescente e moltiplicante la sua bella e salutevole ombra abbondevolissimamente di giorno in giorno. Ho veduto per lettere di Bernardo, quanto voi vi siete fatto innanzi caldamente al trattamento della Vigna, ed a quello delle Croci. Perchè e null' uno e nell'altro mi veggo esser poco lontano da' miei disii; percioechè io non istimo che si possa negar cosa che sia voluta e richiesta da voi. Faccia il Cielo che io abbia tanto modo da rendervi grazie di ciò, quante avete voi di cagion darmene. Che allora mi terrò pago di

(*) *Quercia* volendo accennare la sua relazione colla casa della Rovere, com' era quella del Petrarca colla casa *Colonna*.

me medesimo quando io potrò dimostrarvi
di che maniera mi vi sento tenuto. State sano.
A' 7 di Gennaio 1506. Di Urbino.

A Lisabetta Gonzaga duchessa di urbino e ad Emilia Pia da Montefeltro.

Don Enea m'ha levato la fatica di mandare un mio a voi con queste lettere, le quali
io non volea che potessero andare in sinistro.
Quantunque, se più che un rispetto non mi
ritenesse, molto più volentieri verrei ora io
a ragionar con voi molte cose che arei a dirvi, sì perchè d'un gran fascio de' miei pensieri, che io vi scioglierei e scoprirei ragio-
gionando, picciola parte ne posso porre in
carta, e sì ancora perciò, che arei consolazione
di potervi far riverenza e vedervi. Ma come
sia, venendo alla cagion del mio scrivere, io
vi fo intendere che io tutto questo anno, dal
mio ritorno da Fossombrone in qua, sono sempre stato in ordinare di poter andare a Roma,
e starvi due o tre anni, affine di tentar quella
fortuna, alla quale assai parea mercè di voi e
di monsig. Vicecancelliere che il cielo favorevole mi si dimostrasse se da me non fosse
mancato, e per levarmi di questa maniera di
vivere nella quale ora sono, che essere non
mi potrebbe più discara. Ed in tal pensiero
stando ho indarno consumato alquanti mesi,
sperando ottener di giorno in giorno che mio
padre, che non volea udire che io mi dipartissi, alla fine se ne contentasse e favoreggiasse
questa mia gita. Il quale prima con ogni guisa

di persuasione avendo tentato di rimuover-
mi dall'impresa e di volgermi a seguir la via
dell'ambizione e degli onori nostri, vedendo
non poter con questo modo trarre a forma e
colorire il suo disegno, s'è ito immaginando
e stimando, col negarmi di dare alcun favore
all'andata, (non potendo io da me valermi alle
romane spese che sono grandi, massimamente volendo io essere in Roma secondo la qualità del mio stato) che io me ne abbia a rimanere mal mio grado. E così egli andare a
Roma non mi vietava, posciachè egli non potea vietarlomi, ma il favore a ciò del tutto
m'interchiudeva, dicendomi non volere essere
egli stesso procuratore del mal suo, non ri-
manendo tuttavia di sollecitarmi quando per
una via e quando per altra a pigliare moglie.
Mancato adunque alla fabbrica del mio avviso questo paterno fondamento, non sono
perciò voluto a me stesso mancare d'animo;
anzi ogni dì tanto più ed invogliandomivi e
raccendendomene, quanto maggior la malagevolezza vi conosco, ho più cose tentato a
questo fine, le quali vorrei, come io dissi, più
tosto potervi ragionare che scrivere. Ma di
tutte una ve ne dirò, e ciò è, che io un gentile e caro amico trovato avea per compagno
di questa impresa, che venìa meco alla parte
di quella fortuna con grande animo, siccome
egli dimostrava, e tanto fortunato che potevamo stare in corte di Roma quanto ci fosse
piaciuto di starvi onoratamente, e non servi
di persona ma liberi e nostri, e potevamo intendendo agli studi senza alcun rimordimen-
to d'animo aspettare miglior fortuna. Il che

Bembo. 3

m'era tanto caro che nessuna cosa più, parendomi che potendo io riposatamente dimorare e vivere in Roma qualche anno, mancar non mi potesse occasione a quella vita che io sempre ho disiderata, di quiete e d'onore e sopra tutto di libertà.

Fermata adunque fra noi questa compagnia, e preparandoci noi al cammino, e già scrittone a Roma a Bernardo, che ci trovasse stanza, pensavamo d'essere a questi dì in Roma con voi, che m'avevate detto volervi essere a questo tempo. Ma veduta la tardità della gita vostra, e già sopravvenendo il caldo, diliberammo di venire a far questa state allo imperiale del Signor di Pesaro per addietro profertomi da lui in ozio degli studi, avvisandosi di dover passare alle volte ad Urbino ora per un dì, ora per due, fino a tanto che tempo fosse d'andare a Roma. E già scrittone a Pesaro, e avutone gratissima risposta, eravamo per montare a cavallo, quando ecco di non so qual parte una mutazione del compagno mio, che ogni altro pensiero fa più che questo, e lasciami in su le secche di Barberia, per quello che esso dimostra, sforzato da' suoi contra sua voglia a così fare, dicendo non poterne altro. La qual cosa quanto mi sia stata noievole, lascione a voi amendune il giudicio, sì per molti altri capi e rispetti, e sì per questo, che oggimai e tutta questa città e gli amici miei di Roma il sapevano, e sopra gli altri monsig. Vicecancelliere, che già m'aspettava ed avea preso cura di farmi avere una vigna per vostra dimora, e attone parlare ove bisogna. Di voi non dico, che sapete se io v' ho scritto più volte di volere a Roma essere a vostro tempo. Sopra le quali tutte cose molti giorni pensato, e lunga considerazione e consiglio avutone con l' animo mio, e vedendo che se rimango qui, due mali grandissimi me ne seguono, ciascun dei quali la mi toglie; l'uno è, che io vo a rischio di prendere un dì moglie mal mio grado, la qual cosa ho diliberato che mai non sia; l'altro, che almeno gitterò via e disperderò il mio tempo in cose noievoli, lasciando gli studi che sono il cibo della mia vita, e quel bene con ricordo del quale ogni noia passo e porto oltre leggiermente, e parmi pure non ci essere venuto in vano. Perciocchè vivendo io qui, e come ora vivo, quantunque ancora io non entri nell'ambizione più che io mi faccia, non bisogna che io pensi di studio e di lettere, se non sì debolmente che men male sarebbe lasciarle del tutto, ed ostinatamente libro nè penna toccar mai. Delle quali lettere e studio se io non avessi credenza di poter cogliere alcun frutto di quelli che possono tener vivo altrui più che un secolo, (e siami lecito questa volta con voi due calmeteggiare un poco) io potrei mancar di loro senza molta maninconia. Ma con questa o credenza o speranza, avutone già alcuna arra dalle stelle, lasciargli per vaghezza delle cose men belle, anzi pure e vili e basse e poco durevoli e piene di perpetua turbazion d'animo, non mi pare che sia per niente da sofferire, se io non sono via men che uomo. Perchè ho deliberato senza fallo alcuno di partirmi non solo in tutto dalle nostre ambizioni, ma ancora di questo

contrade, e nascondermi in alcuna parte, dove
ozio agli studi non mi manchi: vada nel rimanente la mia vita, come può.

Ora e perchè in Roma, la quale stanza mi
sarebbe più cara che tutte l'altre, vivere onoratamente io per me non posso, disonoratamente
non voglio, chè non mi pare si debba nella luce
del mondo e nel teatro di tutti gli uomini, siccome Roma è, dimorar vile e disonorato; chè
se ben picciola fortuna hò, non posso però aver
picciolo ancor l'animo, almeno in sì grande
ed illustre luogo; e perchè a questo tempo andar lontano da voi e dalle occasioni delle romane cose, potendo avvicinarmivi, non mi
parrebbe ben fare, ho diliberato, se senza sinistro di voi io posso avere stanza nella Badia
della Croce dall' Avellana, dove io fui quest'anno con don Enea, venirvi a stare con
due serventi, non solo qualche mese ma ancora qualche anno, e se indi alcuna buona occasione non mi trarrà, forse per lungo tempo. E stanza chiamo solamente il coperto di
due camere, e le spese del vivere di tre persone, non dovendo io avere altra cura in ciò
che di dare all' Abate tanta mercede quanta
ad esso medesimo per dette spese, con ogni
soddisfazion sua, parrà convenevole e bastante. La camere porterò io da guernire al bisogno. Priego dunque voi che o mandando al
Cardinale, di cui la Badia è, o chiedendone
l' Abate, o come meglio a voi parrà, adope-
rando, siate contente di farmi grazia della
detta stanza al modo che io dico, e di darmene risposta quanto più tosto si può, e più
sicura. La qual cosa potrà essere, se manderete

le lettere a Francesco Arduino a Pesaro, siccome si fe' di quelle che io ebbi con l'Egloga di messer Baldassarro (*Castiglione*), che mi vennero alle mani prestissime. Però che tosto che io le abbia, se verrà, quale io spero, procaccierò di venirmene senza dimora.

Dissi di venirvi per qualche anno, o forse per lungo tempo, non perchè io pensato abbia di starvi quanto arò a vivere, ma perchè sì mi suole esser caro e dolce l'ozio degli studi, e la tranquillità e diletto che io di lor prendo, che egli potrà molto bene avvenire, che quando io stato sarò in quella solitudine alcun tempo, peravventura non curerò nè cercherò altro stato, e mostrando alla fortuna mezzo il dito, della cortezza di quel piacere e di quella quiete contento, la vita che in ogni modo s'ha a lasciar dove che sia, io piuttosto eleggerò di fornire in quel romitaggio e lasciar tra quelli innocenti castagneti e querceti e faggeti, che altrove. Ed alla fine che si può meglio fare, che queta e riposata menarne e passar la vita che c'è data senza rancori d'animo e senza maninconia? Massimamente quando alla quiete s'aggiugne qualche onorata impresa, come è quella delle lettere, la quale quanto più è abbondevole d'ozio, tanto più caro frutto rende di sè a'suoi posseditori, e più grazioso. Seppeselo quel valoroso Tosco che noi ora cotanto amiamo ed onoriamo, il quale tra tutte le parti della sua vita di nessuna tanto si soddisfece, quanto di que' dieci anni che egli a Sorga solitariamente dimorando si stette: perchè sè io altri dieci ne facessi all' Avellana, arei chi seguitare. Ma lasciando questa parte

da canto, se voi mi farete grazia di quella
stanza, io vi verrò, e dimorerovvi quanto a
voi piacerà e al mio destino. Nella qual dimora se io alcun frutto ne trarrò, che spero di
trarne bastevolmente, siccome si suol fare agli
Iddii, così io a voi almeno con devoto animo
ne offerirò qualche parte. Sopra tutto se io alcuna cosa debbo potere impetrar da voi in
alcun tempo, e se io posso sperar grazia, che
io dalla vostra mercè affezionatissimamente
richiegga giammai, vi priego che quanto io
ora a voi scrivo per queste lettere, tanto stea
rinchiuso ne' petti vostri, e non se ne faccia
da voi parola con persona, solo che del mio
venire a quella Badia per quattro o per sei
mesi. Perciocchè assai chiaro so, quanto il
mondo mi schernirebbe se egli sapesse, che io
quinci mi dipartissi per fare in quelli monti
più che pochissimi giorni. Sarete oltre a ciò
contente rispondermi per modo, che il mio
animo nelle vostre lettere non sia inteso, o
due parole della somma del fatto di man vostra. Le quali ad amendue bascio. State sano.
A' 3 di Maggio 1506. *Di Vinegia.*

A LUIGI DA PORTO.
A VICENZA.

Chi non sa, dolcissimo messer Luigi mio,
che io ho sentito affanno della vostra malattia
avuta ultimamente a Vinegia? Perchè, chi
non sa oggimai che io son vostro tanto, quanto è tutto quello che io son mio? Allo 'n-
contro mi piace che siate fuor di gravezza, e
riavuto. Ed a questo dì dovette essere più

gagliardo che mai; che Dio faccia che così sia, e che io vi vegga sano e lieto cento anni continui. Procurate adunque di non vi lasciar infermar più, il che procurerete guardandovi da' sinistri, che so non sapete molto ben fare. Vuolsi vivere più che si può, e lasciar da parte le maninconie che affliggono alle volte più che alcuna altra fatica. Se io sapessi che fare nelle cose vostre, io non mancherei; ma male fa messer Giovan Angelo, che niente me ne scrive, come io li dissi che bisognando esso facesse. Credo per questo che non abbia bisognato o che l'ordine dato con messer Cesare Gonzaga, che ne aveva a parlare al Cardinale di Pavia ed all'Argentino per nome della Duchessa, le abbia supplito al bisogno. Se pure altro bisognerà di quello che io posso non mi sparmiate, chè quando bisognasse che io andassi a Bologna a questo fine, lo farei. Piacemi che abbiate fatto pensiero di venire in qua dopo Natale, e così vi priego facciate. Ben vi priego che mi diate avviso, se sete per venire; perchè potria essere che mi venisse occasion di andar fino a Bologna alla Corte. Il che non farò se saperò quando arete voi ad esser qui, e rimetterò l'andata ad un'altra volta. Benchè io non so nè anche perciò, se ancora non venendo voi io v'andassi. Tutto sta in occasione. Però venite; che rideremo otto giorni, e caccierete da voi la maninconia che vedo avete preso. Ma che? non sete voi uomo? che bisogna di cosa che possa ad uomo avvenire pigliarsi molta maninconia? Se mi amate, vivete allegro, che appena così si vive. Io non ho avute altre vostre lettere da Vinegia che questa, de' 28 d' Ottobre. Un' altra ebbi per messer Giovan Angelo scritta in Vicenza. Che male ne venga a sì diligenti portatori. Io son per andare a far qualche giorno in un luoco ad otto miglia qui vicino, più in ozio che non posso qui alla Corte. E là starò tutto 'l tempo che sarò in queste contrade, eccetto se io anderò, come dissi, a Bologna, ed eccetto dieci dì di questo carnevale, che ho promesso alla Duchessa di farli dove sua Signoria sarà, o in Urbino o a Fossambrone. Però se verrete voi, lascierò ogni altra cosa, e vi farò compagnia. Le cose mie, se io non sono disgraziatissimo, anderanno un giorno in porto. Se avete voi molte cose da dirmi, ed io ho molte cose da dire a voi; però venite. Feci le raccomandazioni alla signora Duchessa ed a mad. Emilia ed a mad. V. Tutte vi ringraziano e risalutano. State sano e ricordevole di me, e salutatemi il vostro Acate. Ho avuto ieri lettere da mad. Graziosa e mad. Veronica. *A' 15 di Dicembre 1506. Di Urbino.*

A BARTOLOMMEO BEMBO.
A VINEGIA.

Per la tua de' ventinove del passato ricevuta oggi, ho primieramente inteso di Cola, il quale io mi credea non fosse più al mondo. Gentil donzello che egli è, a non scriver due parole del suo giugner costà, e di mille altre cose, che sa che io debbo disiderar d'intendere! E forse che la Duchessa e altri non me n'hanno dimandato ogni dì, e in particolar questo: che vuol dire che Cola vostro non scrive? Orsù passi. A quanto mi scrivi della opinion degli amici del mio star qui, non me ne vien cosa punto nuova. Dio mi governa, e governerà. Feci le tue raccomandazioni; sei risalutato. Io sto bene. Se avrò più sovente tue lettere con alcuna novella, e dagli altri altresì, parrà che ci siate, e me ne farete onore. A messer Piero Bibiena sempre che darai le lettere, egli le manderà al fratello a Bologna, e verran bene; dico, quando non arai messaggi per Pesaro. Priega gli amici che scrivano, e sta sano. A nostro padre non scrivo, che non ho che, e stimo che egli sia in villa; a lui pure mi raccomanda.

A' 10 *di Febbraio* 1507. *Di Urbino.*

AD OTTAVIANO FREGOSO.

Arei voluto, illustre signor Ottavian mio, che le Stanze che furono da V. S. ordite, e da me tessute con frezzoloso subbio questi dì piacevoli che per antica usanza si donano alla licenzia ed alle feste, affine che elle si recitassero per giuoco da mascherati dinanzi la nostra signora Duchessa, e madonna Emilia vostre zie, secondo il sentimento della finzion loro, recitate e udite una volta nella maniera che s'ordinò, siccome venne lor fatto d'essere; elle del tutto nascoste si fossero e dileguate dagli occhi e dalla memoria di ciascuno, in modo che altro di loro che la semplice ricordanza non fosse rimaso. Perciocchè assai vi dee esser chiaro, che in quella guisa e in tale stagione può peravventura star bene e dilettar cosa, che in ogni altra sarà disdetta, e sommamente spiacerà. E queste medesime Stanze sono di qualità, che siccome il pesce fuori dell'acqua la sua vaghezza e piacevolezza non ritiene, così elleno fuori della occasione e del tempo loro portate, non averanno onde piacere. Oltra che ogniuno che le sentirà o leggerà, se esse pure si lascieran leggere, non saperà che elle sieno state dettate in brevissimo spazio tra danze e conviti, ne' romori e discorrimenti che portan seco quei giorni, come sanno quelli che le videro e udirono dettare. Ed era certo il meglio fuggire il rischio della riprensione là, dove acquisto alcuno di loda non può aver luogo. Ma poi che a voi pur piace d'averle appresso di voi, e di poterle in mano vostra mostrare a chi richieste ve le ha, come dite ; ed a me non è lecito ritenervi quello che è non men vostro parto che egli si sia mio, quantunque più tosto si possa ciò sconciatura che parto chiamare, io a V. S. le mando, ricordandovi, che se nell'opera delle armè e della cavalleria sete voi ricco ed abbondevole di gloria, io in quella del calamo e delle scritture vie più ne son povero, e più bisogno me ne fa che io possa di lei a tempo niuno sicuramente far perdita. State sano.

Il secondo giorno della Quaresima dell'anno 1507. Di Castel Durante.

A Don Michele Fioren.
RINCHIUSO NELL'EREMO DI CAMALDOLI.

Voi vi potete esser maravigliato, rever.
Padre, che da poi che io fui nella fine del settembre passato a visitarvi ed a farvi riverenza, io non v'abbia mai dato alcuna novella di
me, nè pure delle commessioni da voi datemi. La qual cosa è avvenuta per questo, che
ritornato che fui ad Urbino, e renduta a mad.
Duchessa la corona de'vostri paternostri, ella
diliberò di mandarvi allo'ncontro alcuna cosa
delle sue, che in memoria di lei con voi dimorasse. Perchè non si trovando ella in quel
punto dono alcuno che le paresse degno della
vostra bontà, ordinò una immagine, che per
mano d'un gran maestro della pittura a vostro nome con ogni celerità possibile si facesse. E volendo io scrivere, mi commise che io
indugiassi fino a tanto che la immagine si
fornisse e mandassevisi, con la quale anco ella
vi scriverebbe; estimando che questo avesse
ad essere di poche settimane soprastamento.
Avvenne poi, che per essere il dipignere di
quella maniera malagevole da farsi nelle fredde stagioni, e questa vernata suta acerbissima, molti mesi passarono che, oltra un poco
incominciamento, non vi si potè por mano, in
modo che tra per questa cagione, e per la qualità del lavorìo, che è sottile e minuto molto,
fin questi dì la immagine ha penato a fornirsi, nè io in questo tempo v'ho mai scritto. Il
quale errore, se vi degnerete perdonarmi,
non sarà però che io ne abbia portata la

penitenza, chè meco stesso me ne sono e doluto e rammaricato molte volte. E di ciò avere questo detto basti. Quanto la vostra corona sia stata grata a madonna Duchessa, e quanto lo averle io promesso per nome vostro, che vi ricordereste di pregar per lei continuo nelle vostre orazioni, v'averà messer Baldassar Castiglione detto a bastanza, che ne' giorni santi visitò il vostro Eremo e voi, comechè ella medesima lo vi scriva ora di man sua. Questo vi debbo io dire, e dicolo volentieri, che in pochi altri luoghi stimo io che sia tenuta sì sovente e sì onorata memoria di vostra Paternità, quanto si tiene e serba appresso di S. S. chè certo pochissimi giorni passano che non si ragioni di voi e della vostra austerissima e disagevolissima vita, che fra i termini d'una picciola celletta rinchiuso, senza mai uscirne, cotanti anni vi sete contenuto, e di quel vostro sopra tutti gli altri che io abbia veduto giammai, santo e devoto luogo. Quanto a me appartiene, rendo infinite grazie a vostra Paternità delle orazioni vostre fatte a' miei prieghi; perciocchè quella gentile e poco avventurosa fanciulla, della quale per nome della madre vi pregai a fare orazioni a Dio, questi giorni s'è maritata onorevolmente, ed io delle cose mie aspetto di giorno in giorno buone e disiderate novelle. Se io fossi stato questa quaresima in Urbino, come sono stato in Roma, sarei venuto anch'io a rivedervi: farollo tosto che io me ne possa pigliare il tempo. In questo mezzo non v'incresca ricordarvi che io in luogo di somma grazia mi tengo lo avere voi conosciuto;

e che a me parrà non potere essere in alcun
tempo abbandonato dal buono Angelo dato
a me in guardia dal Signor degli Angeli,
mentre voi per me intercederete appo la Sua
Maestà. Piacciavi fare che io intenda dove è,
e come sta don Girolamo Interiano, che m'è
stato detto lui non esser nell'Eremo, ma in
altre bisogne della Religion vostra operarsi e
faticare ; la bontà e valor del quale, e le amorevolezze usatemi in cotesto luogo, mi sono
fitte nell'animo con saldissimi chiodi. Bascio
riverentemente a V. P. la mano, e inchine-
vole nella benedizione a voi m'accomando.
Al padre Generale, se egli è costì, ed a gli
altri vostri consorti religiosissimi e felicissimi,
e massimamente al Genovese ed al Viniziano,
che mi fecero sì dolce compagnia, siate contento raccomandarmi.

    A' 6 di Maggio 1507. Di Urbino.

A BERNARDO BIBIENA.
A ROMA.

Io non posso più portare in pace il vostro così lungo silenzio, nè posso far di meno che io con voi non me ne doglia. Oggimai sete divenuto troppo più disamorevole,
che io mai amorevole non v'ho estimato. Ahi
foioso Bernardo che tanto mostra amar gli
amici quando gli vede, poscia quando essi gli
sono lontani non se ne ricorda più ! Men male
sarebbe alquanto meno accarezzarli, e così in
ogni tempo, in ogni stato mostrarsi loro sempre ad un modo; chè oggi esser di fuoco nella

benivoglienza ed amistà loro, domani di ghiaccio e di neve: ma io non voglio andare più oltra rammaricandomi, chè il danno sarebbe più mio che vostro, conciossiacosachè voi poco curate di mio affanno, ed io ragionandone più, e più mi cuoco e tormento. Il Mag. mi dice che io da sua parte vi scriva, che se per caso messer Agostino Ghisi morisse, che Dio nel guardi, esso vi ricorda che essendo egli questo anno a Roma gli diede due anelli, un diamante in tavola con due F.F. nel fondo, e una plasma con una testa di tutto rilievo con due alette, che può esser la Vittoria: il primo fu dono d'Ippolito, il secondo dell'Aurora. Mi giura che non gli vorrebbe perdere per sì voglia gran cosa; vorrebbe che ne diceste una parola a suo fratello. Io vorrei ben dire, che io aspetto da voi avviso di molte cose, ma se io non l'ho di nulla, come l'averò di molte cose? Voi mi castigate; ma io me ne vendicherò, che ho mille cose belle da scrivervi, e non ne voglio scrivere mezza una. Ebbi l'altro dì una piacevolissima epistola dal Beroaldo scritta nel vostro camerino, che gli ebbi invidia: risponderogli come io possa. Se vorrete vedere una mia nuova figliuola, l'Arcivescovo di Salerno ve la potrà mostrare. Priegovi vedetela prima che alcun altro, e scrivetemene minutamente il parer vostro: dovvi licenza ancora, anzi ve ne stringo, che la emendiate. L'alligata a Terpandro. Tutto il mondo saluta Terpandro, e gli ricorda a tosto ritornare, siccome fu la sua promessa. Al mio onorato messer Giulio Tomarozzo dite che mi raccomandi:

voi al Beroaldo, ed a' miei gentilissimi Porcari.

A 2 di Dicembre 1507. Di Urbino.

A M. TRIFON GABRIELE.
A VINEGIA.

Io non voglio iscusare il mio lungo silenzio con voi, dolcissimo messer Trifon mio, chè non arei giustamente con che, nè voglio accusarmi, perciocchè non potreste esser buon giudice, conciossiacosachè in questo medesimo fallo siete ancora voi; ma voglio ben dirvi, che nessun tacere con lettere, per lungo e continuo che sia stato, ha potuto fare che io non abbia servato la memoria di voi così fresca e viva, come mai la servai, quando più ella colla vostra presenza si sustentò e si nutrì. E sono vie più che certissimo che altrettanto abbiate fatto voi della memoria di me, che so quanto nell'amicizia solete essere constante. Il nostro gentil (1) Barignano, che viene con questa a voi, mi leva una lunga fatica dello scrivervi, chè potrà di me molte cose ragionarvi. Io tanto vi dirò, che ogni dì più m'è caro aver preso alla mia vita quel consiglio che da ognuno de' miei è stato ripreso più che da voi, e spero veder tosto quel giorno che essi lo loderanno. Arete una canzona mia nuova, ma nata per causa vecchia, cioè per la morte di mio fratello. Emendatela vi

(1) Pietro Barignano da Pesaro poeta, e di cui sono rime nelle Raccolte dell'Atanagi e del Ruscelli.

priego, e scrivetemene il parer vostro, che molto lo desidero. Mad. Duchessa e mad. Emilia molto sovente e molto onoratamente ragionano di voi, e ora che sanno che io vi scrivo, m'impongono che io vi saluti diligentemente per nome loro. Credo andare a Roma per qualche mese in brieve. Al mio dolcissimo Jacopo mi raccomandate, e con lui vi rallegrate per me del figliuolo avuto. Dio lo faccia consolato. Amatemi, e rescrivetemi, e state sano.

Agli 11 di Dicembre 1507. Di Urbino.

A LUCREZIA BORGIA
DUCHESSA DI FERRARA.

Se io non mi sono prima con voi del felice nuovo parto vostro rallegrato, sono assai certo che la infinita vostra prudenza me ne averà da se stessa dato perdono, considerando che quasi ad un tempo sopraggiunse la morte del duca d'Urbino, la qual morte di quanto dolore mi debba essere stata, sì per cagion di lui, il quale, tra perchè amava ed onorava me, ed era di molta e di maravigliosa virtù, io in somma riverenza e somma divozione avea, e sì per rispetto e pietà della Duchessa sua moglie, che e prima ha voluto morirsigli dietro, e poi che questo non l'è venuto fatto, di continue lagrime e lamenti pascendosi in misera ed infelice vita dimora: avete potuto estimare agevolmente. Perchè altra iscusazione non farò, avvisando più tosto, che se tra i pianti e le doglianze e le tenebre e gli oscuri vestiri di questa casa stati sin questo dì, io

avessi presa la penna a dar alcun segno e dimo-
strazion d'allegrezza, voi areste potuto credere
che molto intempestivamente io mi fossi posto a ciò fare, e per avventura estimato, che
nè d'uno ufficio nè l'altro fosse da me con
vero affetto di cuore stato fornito, potendo io
nel mezzo del piagnere e del rammaricarmi
al riso e alla letizia dar luogo. Lasciando a-
dunque da canto lo iscusarmi di questa tardità, ora che fornite le esequie del morto Principe pare che ci sia lecito, rasciugando in parte le lagrime, raccoglier lo spirito e conceder
tempo eziandio alle altre cose, dicovi, che del
figliuolo maschio natovi novellamente io ho
sentito quella letizia e quel contento che
tanta e così desiderata felicità vostra dovea
recarmi. E tanto ancora maggiore l'ho sentito, quanto non solamente veggo non esservi
negato dal Cielo lo avere proprio erede di sì
ampio Stato, quando voi due ne avete già, ma
per questo ancora che io porto ferma credenza che questo fortunato bambino abbia ad essere eziandio delle materne virtù successore;
la quale eredità non gli dovrà esser meno
che il regno medesimo cara, se il regno ad
esso perverrà, anzi se egli sarà vero figliuolo
di voi, molto più. Perciò che siccome non tanto le città e i popoli, a' quali signoreggiate,
quanto il valore e la prudenza e la grandezza
e le altre parti dell'animo vostro a tutto il
mondo vi fanno chiara, così esso da tutte le
genti che verranno vie maggior nome potrà
imitando la madre acquistare, che regnan-
do. Rallegremene adunque con voi, e grandemente me ne rallegro, perciocchè, siccome

Bembo.   4

le cagioni della vostra allegrezza sopra questo
parto è verisimile che siano e grandi e molte,
così debbo io per l'antica mia fede e servitù
essere di ciò allegro più che mezzanamente,
il termine del mio piacere da quello di voi
prendendo. Adoperino ora le stelle, le quali
forse ravvedutesi d'avervi a torto altre volte
per lo addietro in simigliante caso offesa, vogliono col dono di questo secondo figliuoline
doppiamente ristorarvi; che esso ogni oltrag-
gio passato, ogni noia, ogni vostra perdita vi
faccia dimenticare, e siccome egli crescendo
e aumentando s'andrà col tempo, così la soddisfazione e la gioia che di lui prendete, maggiore e più soda e più robusta si faccia sempre di giorno in giorno. Delle cose qui avvenute da alquante settimane in qua, che molte
sono, darei a voi pieno conto con queste lettere, se 'l mio molto prudente messer Ercole
Pio, loro apportatore, non ne fosse compiutamente informato; al quale rimettendomi vi
bascio riverentemente la mano, e nella buona grazia vostra umilmente mi raccomando.
A' 10 di Maggio 1508. *Di Urbino.*

A M. BERNARDO BIBIENA.
A ROMA.

La lettera tua al Signor Giovanni Gonzaga vide e lesse il tuo Giuliano e il mio
Arcivescovo, anzi per dire meglio, il tuo Arcivescovo ed il Giulian mio; anzi pure più
tosto, i nostri Arcivescovo e Giuliano. O bel
trovato! Se si rise per noi pensalti tu: e fu
iersera a gran notte. Questa mattina poi fu

ella posta in mano ad esso signor Giovanni con
molte belle persuasioni a pigliar l'impresa
che gli veniva proposta. Lessela poi il nuovo
futuro sposo, e dappoi molte risa conchiuse
di non si voler maritare altramente per non
far vergogna a quella, della quale tu nelle
medesime lettere scrivi, che se alcuna mai
ebbe poca cagione di molto dolersi è essa.
Conciossiacosaché se esso si maritasse più si
potrebbe avantare e gloriare d'essere stata
mal trattata la sua moglie, che colei che tu
di'. E così non sarebbe più rara e prima in
questo caso, come ella è. Oggi poi s'è pure
fatto tanto, che madonna Duchessa l'ha letta
ancora essa, e come che ella non rida ancora
di cosa alcuna, non ha però potuto ritenere
un picciolo soghigno; sì che te ne puoi tener
buono che hai potuto tanto. Benché io usassi
in ciò un poco di stratagemma, che fu forse
in buona parte cagione del ghigno. Nè ti dei
maravigliare, se io voglio la mia parte della
gloria; penso che tu pur sai quella bella sen-
tenza del nostro amico: *Honorem meum ne-
mini dabo*, e quella altra appresso, *prima
charitas incipit a se ipso.*

Deh Bernardo mio dolce, io ti priego per
quanto amore tu mi porti, e per quanto è
quello che sai che io porto a te, se mai entrò
nel tuo dolcissimo animo pensiero di fare
alcuna cosa per lo tuo Bembo, e se mai pensi che egli ne possa fare alcuna per te; e se
la medicina che scrivi aver presa ti possa
mondare di tutti i tristi umori e cattive ma-
terie che abbi nel tuo dilicato e gentile e sot-
til corpo; e se Piernata mai non ti risponda

proverbiosamente; e se nessun malo odore
entri mai nel tuo amorevole camerino; e se
mai la tua zazzera posticcia non ti sia levata di
capo contra tua voglia, siati raccomandato il
mio Verduco. Eh Bernardo mio dolce, il mio
Verduco ti sia a memoria. Deh sì per dio,
moccicon mio melato casirato, quel Verduco. Che cosa è però è ella così grande avere
a cuore un Verduco? Ti priego, ti stringo,
ti supplico, di grazia, che 'l mio Verduco ti
sia raccomandato. Il latino sermone che tu
aspetti verrà quando averà i piedi; per ancora nè piedi ha nè mano; ma se tu lo vuoi,
ricordati del mio Verduco e ponlo in memoriale. Che memoriale? Se tu bene mi vorrai,
tu ti ricorderai del mio Verduco.

Che Arcivescovo vuoi tu godere? Quasi
che tu non l'abbi goduto assai. Noi lo voglia-
mo ora per noi. Non ho detto testè *prima cha-*
ritas ec.? Tu sei ben, moccicon mio dolorato,
poco ragionevole da dovero, se tu così tosto
lo vuoi a te, e poco prudente se tu credi che
noi così poco godutici di lui te nel rimandia-
mo. Noi ce ne facciam beffe. A dio Bernardo,
Bernardo a dio.

A' 19 di Maggio 1508. Di Urbino.

A M. Vincenzio Quirino (1).
A Vinegia.

Quantunque per Innocenzio vostro, apportator di queste lettere, possiate a bocca intendere la somma della morte del signor Duca nostro, e delle cose avvenute intorno ad essa, nondimeno acciocchè ne abbiate ancora il mio testimonio, il successo d'alquante di loro, per dimorarmi tanto più con voi, volentieri con questa carta vi ragionerò. Erasi il povero Signore ridotto di doglia in doglia e di flusso in flusso, mali usati e troppo famigliari suoi, in ultima magrezza e debolezza, ma pure perchè di possente complessione il vedevano essere i medici, di alcuni accidenti avuti poco innanzi, che fecero ognuno dubitare della sua vita, essendosi esso riscosso, non si temea che morisse. Attendevasi a ristorarlo, quando sopraggiunto da un grave parosismo che gli indebolì la virtù, in due giorni pervenne a quel passo al quale ognuno una volta perviene. Avea egli per addietro, della strema Unzione in fuori, presi divotissimamente tutti quegli ordini che a santo Cristiano si convengono. Perchè sentendosi già vicino al morire chiese di bocca sua ancor quella, ed ebbela. Appresso la quale, avendo egli sempre accanto a sè la signora Duchessa, tra il signor Prefetto e suoi

(1) Questo Senatore viniziano, abbandonato il mondo, si rese poi frate con aver cangiato il nome di *Vincenzio* in quello di *Pietro*.

più cari dei quali l'albergo era ripieno, vedendosi e sentendosi raccomandar l'anima
dai vescovi ed altri sacerdoti, coi lumi accesi
e con tutti gli apparecchi che a quella ora ed
a quelle ceremonie facean mestiero, la mano
sotto la destra gota egli stesso adagiandosi,
quasi preparandosi all'eterno sonno, quetis-
simo e senza alcun segno di morte o pure di
affanno, come gli altri sogliono, agli undici
di maggio, alle ore cinque della notte, egli di
questa vita passò, lasciando opinione in ciascuno che con migliore disposizione e grandezza d'animo, e con maggiore tranquillità
e più santamente morire non si possa che
morisse egli. Così ebbe fine la vita del più
raro Principe, con pace di tutti gli altri della nostra età: il quale, comechè in molte cose poco avventuroso e poco fortunato fosse,
in una si può veramente dire che sia stato
fortunatissimo e felicissimo sopra quanti grandi uomini vissero e morir giammai; e ciò fu
in moglie. La quale non men pietosa e valorosa, anzi maravigliosa a tutto il mondo nella
morte del marito si è dimostrata, che in vita
si dimostrasse venti anni continui ch' ella di-
morò seco.

E sapete voi quante cose di questa donna avvenute nel tempo del marito si potrebbono mettere in istoria, di qualità che ciascuna di loro basterebbe eterno e bel nome
dare ad ogni reina? Avea la infelice donna,
incontanente che fu dai medici la vita del
marito sfidata, fatto sì dolorosi pianti, senza
mai punto nè giorno nè notte riposarsi, che
parea che dovesse muovere a piangere i sassi

medesimi della camera dov'ella piangea. Non potea occhio alcuno mirarla che asciutto si rimanesse, nè orecchi udirla, il cui cuore non si sentisse dalla pietà acerbissimamente venir meno. Non pertanto sentendo ella i popoli di questo dominio, per la già creduta morte del loro Signore, commossi e sollevati, e tutti con le armi in mano attendere a nuove cose, animosamente e senza dimora uomini gravi con suoi ordini a ciascuna parte di lui mandando, e soldati preparando e disponendo, fece in modo che, oltra ogni opinione del mondo, tutto lo Stato con pace e soddisfazione universale rimase all'erede già eletto dal marito, chè fu il signor Prefetto, prima suo nipote per sangue, e poi per elezione suo figliuolo. Ed è certissimo che se ella voluto avesse altro disporre del detto Stato, tutte le città, tutto il paese, tutti gli uomini arebbero seguite tutte le sue voglie; sì perchè ella avea in man sua le forze di s. Leo, e di qualunque altra che in piè dopo i tempi Valentiniani è rimasa, e sì ancora molto più per la carità portatale dalle genti, ch'è cosa non credibile a sentire; le quali già le si venian proferendo d'ogni contrada.

Ma ritornando alla morte del marito, mentre egli ancora l'ultimo spirito non ebbe renduto al suo creatore, quantunque da una ora prima perduto il parlare a poco a poco se ne gisse mancando, ella con forte volto sempre gli stette sopra, se non che talvolta non potendo ritenere le lagrime si chiudea con la veste gli occhi pregni e traboccanti, temendo non forse egli la potesse

veder piangere, e fossegli questa vista di
affanno e di dolore accrescimento: ma tosto che lo vide passato, con un grandissimo
grido sopra il volto per baciarlo gittaglisi,
dicendo: O signor mio, dunque mi hai tu pure abbandonata? E baciandolo, perduta in un
punto la voce e il sentimento, cadde morta
sopra il morto corpo, in maniera che nè per
acque fredde che le si spargessero nel viso,
nè per istringerle con forte laccio le braccia,
o per ritorcere delle dita che le si facesse
(delle quali uno ne le fu pressochè rotto) nè
per altri argomenti procurati dai medici che
l'erano d'intorno, ella giammai si risentì per
ispazio di più di due ore. E fu chi la pianse come morta, non meno che il marito si piangesse, d'intorno al quale si facevano parimente pianti e lamenti e strida senza misura.
Alla fine essendo ella stata dai suoi, a guisa
di corpo morto, in altre camere sopra suoi
letti portata, ritornati alla misera donna gli
usati spiriti, e aperti gli occhi, e scórti d'intorno a sè coloro che la sviata anima rivocarono al suo albergo, prima debolmente so-
spirando e poi parlando, disse loro: Deh ora
perchè mi avete voi a sì dura vita ritornata?
perchè mi avete voi tolta a sì cara e sì dolce
compagnia? E con queste parole, caldissime
lagrime mandate fuora, e indi più e più, se-
condochè il perduto vigore le ritornava, i
pianti e le strida rinforzando, altro già che
dolersi e lamentarsi e bagnar di lagrime ciò
che v'erà, quasi come un fiume di loro nel
capo avuto avesse, due dì e due notti non fece, senza mai sonno nè cibo alcuno pigliare,

nè udire conforto di qual si fosse a lei persona più congiunta e più cara. Appresso a questo, quanto ella molti dì e come amaramente
si sia doluta, nè io potrei dire, nè voi per avventura il credereste. Non le veniva alcuno
innanzi per dolersi con lei, come si fa in tali
casi, col quale ella non rinnovellasse sì lunghe e sì calde lagrime, che a ciascuno parea
ch' ella altro pianto non potesse aver fatto
che quello che faceva seco. Io per me, quando
primieramente da Roma ritornatomi le feci
riverenza, che furono ventisei dì dopo la morte del signor Duca, non prima fui scorto da
lei, ch'ella a piangere sì dirottamente si diede che non che io la potessi racconsolare, ma
pure parola non potei mandar fuora, anzi a seco piangere pietosamente fui costretto, e così
altro che piangere non si fece per buona pezza
ch'io innanzi le dimorai: di maniera che
senza parola nè dire nè udire, affine ch' ella
tutto il dì non piangesse, pure nel pianto la-
sciandola, mi dipartii. Così in durissima vita
e in continue lamentanze è rimasa la infelice
donna, come vedete, nè mai esce d'uno albergo tutto rinchiuso e tutto nero, nel quale
altra luce nè giorno nè notte non si vede che
quella di un lumicino di una picciola cande-
la, fitta nel suolo da un canto, in guisa che
sembra quello albergo piuttosto stanza di
morto che di vivo; siccome vi racconterà Innocenzio vostro, che l' ha veduta, al quale e
in questa e in molte altre cose mi rimetto,
chè a volerle scrivere tutte non sarebbe questa lettera, ma volume: siccome sono quelle
opere ch'ella fa di uffici, di messe, di limosine

e d'ogni maniera di carità che alle anime dei morti in riposo loro si può procurare. E pure in questi dì essendole stati mandati dal marchese di Mantova suo fratello quattrocento fiorini d'oro, che furono per rimanente di ragione della sua dote, subito tutti li dispensò insieme con alquanti centinaia altre, parte in far dire diecimila messe, e il rimanente in doni e limosine pure per l'anima del marito: sollecitando i ministri di ciò con moltiplicate commessioni ad avvacciarsi nelle dette pie opere, affinchè più tosto si desse quello alleggerimento alle pene, nelle quali si ritrovasse lo spirito del suo consorte, che questo ufficio può dare.

Il Prefetto, novello successore di questo Stato, ancorachè egli garzone sia, nondimeno questi e infiniti altri meriti di lei intendendo e scorgendo, ogni ultimo segno di onore e di riverenza le dimostra che desiderar si può, non che sperare. E 'l Pontefice medesimo ne fa quel caso e stima che per l'esempio di due Brevi di S. S. rinchiusi in questa lettera vedrete. Senzachè il marito, per testamento, oltre la dote sua intera e dodicimila fiorini sopra che le lascia, ed alquante possessioni col palagio di Casteldurante, e le onorevoli spese mentr'ella viverà, quali a tanta donna si convengono; ordina, ch'ella sia di tutto questo Stato governatrice, insinochè il Prefetto all'età degli anni venticinque pervenga, nè le possa essere chiesta amministrazione di che che sia: il qual governo, ella dice, che non accetterebbe, come colei che lasciata sola da chi ella sopra tutte le cose

amava, ogni altra cosa volea lasciare, se non
che non può dalle voglie del marito più in morte di lui discostarsi di quello che in vita si sia
discostata, volendo ch'egli e solo e così morto possa vie più comandarle che tutto l'altro
mondo insieme non puote. Ha dunque ella
preso, anzi pure seguitando ritenuto in mano il freno di questo Stato con tanta soddisfazione delle genti che nulla più : la qual cosa
ha fatto loro molto meno incresciosa e lagri-
mevole la morte del loro Signore, tanto da
esse amato quanto con chiare e generose
pruove hanno dimostrato e datone segno più
volte. Nè solamente è stato ciò conforto di
questi popoli del paese, ma ancora dei genti-
luomini stranieri che nella Corte dimoravano
del marito, i quali si crede che o in tutto o in
buona parte rimarranno al servizio del nuovo
Duca per opera di lei, che vuole per meglio
continuare la memoria del signor suo questa
onorata compagnia che lo serviva non si di-
sciolga. Restami il dirvi, come questi dì non
solo da tutti questi paesi sono a lei venuti
ambasciadori mandati alla doglianza di questo caso, ma ancora da molti principi dell'I-
talia e da molti signori cardinali, oltrechè il
Pontefice ha mandato il nostro discreto e prudente messer Federigo Fregoso arcivescovo
di Salerno, nunzio di S. S., a confortarla ed
a fare con questi popoli ogni dimostrazione
d'uffizio e di carità, ad onore e soddisfazion
sua; stimando non le poter mandare persona
più grata o più cara, nè che più volentieri
per lei si adoperasse, come nel vero non potea; il quale tuttavia è qui, e molto spesso di

voi e di messer Niccolò e di messer Tommaso e di messer Paolo mi dimanda con molta dimostrazione di amarvi; e così per nome di lui vi saluto diligentemente, e altresì fo per nome del mio valoroso signor Ottaviano suo fratello, e per nome di madamà Emilia, la quale bene ha dato sperienza in questi casi della da voi conosciuta e con maraviglia molte volte già per lo addietro considerata grandezza del suo animo. Siate sano e amatemi come fate.

Ai 10 *di giugno* 1508. *Di Urbino.*

A M. GIROLAMO SAVORGNANO (1).
A VINEGIA.

Lodato sia colui dal quale questo e ogni ben procede, magnifico e veramente valoroso messer Girolamo mio, che dopo molte e molte triste disavventure e lagrimevoli novelle della patria e delle cose pubbliche e private nostre, tutto questo anno da me udite mal mio grado, io ne odo una ora piacevole e cara volentieri; e questa è che siate voi stato fatto uno de' nostri Padri Senatori per quella più onorata via e modo che può dare la nostra comunanza, e ciò è di quelli arroti che noi la Giunta chiamiamo; nè solamente questo, che era tuttavia cosa grande e rara per sè e suole darsi a' più attempati e maturi, dove voi sete molto giovane, ma ancora che

(1) Di questo illustre ha scritto l' elogio Donato Giannotti, e sta tra le Opere di lui recentemente ristampate in Pisa.

abbiate con più voti quel magistrato avuto, che niuno altro. O valoroso Savorgnano mio (e voglio replicare questa parola più volte) quanto dee a voi essere cotesto dono della patria nostra dolce e caro stato, quando io per vostro rispetto ne godo e trionfo senza fine, pensando che siate voi pure il primo, il quale arete aperta la via alla casa e famiglia vostra da passare agli onori della Repubblica, ed aperta di maniera che non solamente a nessuno fu giammai per lo addietro conceduta sì larga e sì spedita la entrata, ma nessuno è quasi ora in tutta la città nostra, nè di famiglia così illustre, nè egli di sì alto grado, da cui questo onore che a voi è incominciato non sia volentieri ricevuto ancora nel fine. Rallegromene adunque con voi quanto e conoscete che mi si conviene e sete certo che io faccia, e abbracciovene sin di qua molte volte così armato e vittorioso come sete. Rallegromene eziandio con la patria, la quale ha tra molti suoi togati figliuoli alcuno che ancora con la spada la sa illustrare, e illustrarla di modo che se ella non vuole essere ingrata madre riputata, convienle con voi trapassar l'usanza degli onori che ella a' suoi figliuoli dà, siccome avete voi trapassato l'usanza degli onori che gli altri vostri fratelli danno a lei. So che avete ricevuto quasi ad un tempo oltre a questo due altri guiderdoni, delle fatiche vostre da essa patria, la quale avete così amorevolmente e col senno e con la mano servita e tuttavia servite, grande e onorato ciascuno, ciò sono il Collaterato generale e la metà di Castel nuovo: il qual luogo avete voi

medesimo acquistato e aggiunto a' termini
della nostra repubblica; e di loro medesimamente e con voi e meco stesso mi rallegro e
ne fo festa. Ma se io bene conosco l'animo
alto e generoso vostro, di questi secondi doni
arete presa quella consolazione che si suole
prendere delle disiderate e sperate cose; del
primo tutta quella che si prende di quelle
grazie che per la loro altezza sono da noi state desiderate sempre, sperate non mai. Pregherò il Cielo che sia contento a questo così
alto principio degli onori vostri dare con degno e convenevole seguimento, alla patria
nuove cagioni sempre di maggiormente onorarvi, a voi nelle imprese e ne' pericoli, a'
quali per lo amore di lei vi sponete ogni giorno, tanta fortuna quanta v'ha già dato virtù.
State sano.

A' 6 di Novembre 1509. *Di Urbino.*

A M. Bartolammeo dalla Valle.
A Roma.

Egli m'è grandemente caro il conoscere che non solo a coloro i quali niente altro
amano che la poesia, sommamente piaccia e
diletti il Petrarca, ma eziandio appo quegli
altri egli sia in prezzo che a tutte le altre
arti più si danno o sonosi dati che a questa.
La qual cosa io e in moltissimi uomini ho
già veduto avvenire ed ora veggo essere avvenuta in voi; il quale sì per la grandezza
della vostra nobilissima famiglia, e sì ancora
per lo ammaestramento e per lo stile preso
da' vostri maggiori, dato alle armi ed al

maneggio e governo delle cose, nondimeno amate e tenete sovente in mano le Canzoni di messer Francesco, e quelle, candidissimo e rarissimo poema estimando, fatte le vi avete molto famigliari. Perchè, e col poeta mi rallegro, che se a lui dopo la morte è rimaso il sentire ciò che tra vivi si fa, in ogni guisa di studio trovi amatori delle sue belle e vaghe scritture, e con voi tengo che sia da rallegrarsi, al quale gli altri esercizii non tolgono il passer l'animo di così dolce e dilicato cibo. E certo grandemente vi lodo, che a quello divino ingegno che già alla patria vostra fu caro, e da essa ricevette onore e lungamente coi vostri uomini visse, rendiate voi merito molto, ora con lui dimorando nella guisa che si può, e suoi amorosi pensieri, che furono così alti e così gentili, nelle sue carte con maraviglia e con diletto rimirando e ricercando. Il quale studio vostro, se altro non mi facesse manifesto, sì lo farebbe il bellissimo Canzoniere del poeta che voi prestato m' avete, ed io, tratto dalla vaghezza del libro, tuttavia con quella sicurtà che la vostra molta cortesia già buon tempo m'ha data, ho tenuto meco volentieri molti giorni, e terrei ancor più, se non che convenendo a me domattina partire per Urbino, a voi il rimando, con cui esso più volentieri dimorerà chè tenere gli solete dolcissima compagnia. State sano.

Ai 20 di Luglio 1511. Di Borgo in Roma. Nel giorno appunto che 'l medesimo nostro poeta passò a miglior vita.

A M. Trifon Gabriele.
A Vinegia.

Averete con questa, messer Trifon mio caro, quanto sin qui ho scritto sopra la volgar lingua, che sono due libri, e forse la mezza parte di tutta l'opera, come che io non sappia tuttavia quanto oltra m'abbia a portar la materia, che potrebbe nondimeno essere più ampia che io non giudico, dico quando io ne verrò alla sperienza. E mandovegli così poco riveduti e ripuliti, come essi medesimi vi dimostreranno; il che se altro nol vi dimostrasse dimostrilvi ciò, che io altro esempio non ho che questo che io vi mando se non di pochissima loro parte. Sarete contento d'aver cura che di mano vostra non escano, sì perchè essi non si smarriscano, e sì perchè hanno molte cose che non istaranno così quando io gli rivedrò riposatamente altra volta. Dissi di mano vostra, cioè di voi, amici, messer Giovanni Aurelio, messer Niccolò Tepolo, messer Gio. Francesco Valerio e il Rannusio; direi anco messer Andrea Navagiero se esso mirasse così basso, e dicolo, se esso gli vorrà vedere. Ora vi priego tutti insieme, e ciascuno separatamente, che poi che avete voluto questa parte così come è imperfetta e incorretta, vediate diligentemente e notiate ogni cosa che vi ritroverete star male, o meno che a soddisfazione vostra o molto o poco, e da ciascuno di voi voglio un estratto e un quinternetto degli errori o avvertimenti che per voi si saranno veduti, senza risparmio alcuno: il che doverete far volentieri pensando che questa opera ha da essere a comune utilità degli studiosi di questa lingua. Ma come che sia, se altro a muovere non v'ha, muovavi che io per quanto e tutta quello sincero e vero e caldo amore che mi portate, ve ne stringo e grávo. Quando l'arete tutti a satisfazione vostra veduta, rimandatela a mio fratello che me la rimanderà. Io non so se io vi debba pregare a non ne pigliare esempio alcuno che la mercatanzia non porta la spesa; pure se fosse alcuno così scioperato e ozioso che pensasse di pigliar questa fatica, lo priego per niente a non lo fare, quando esso può esser certo che io la muterò e rimuterò in moltissimi luoghi. Al nostro onoratissimo padre messer Gio. Aurello mi raccomandate, e voi state sano. Fin qui, messer Trifone, a voi; da qui innanzi agli altri amici, per fuggir fatica d'altra scrittura.

Voi, mess. Niccolò, avete avuto il brieve del nostro magn. mess. Marco; la vostra degli 11. non venne a tempo, chè io v'arei ubbidito; Iscusate la tardità con la fortuna della causa e con le difficultà che spesso hanno anco le picciole cose. Quanto a mess. Vincenzio Quirino, che se ne può altro poscia che egli così ha voluto? Dogliomi, non meno che facciate voi, e parmi altresì essere rimasto mezzo, pure mi vo confortando, e stimo che quando tutti gli altri miei amici mi lasciassero, non mi siate per lasciar voi: alla qual cosa vi conforto, non tanto per non lasciar gli amici vostri, chè voi di loro volontà non lasceranno giammai, quanto perchè non vi lasciate voi stesso. Deh

Bembo.   5

Valerio mio, è possibile che io non sia mai più per vedere una di quelle vostre lunghissime e festevolissime lettere? Questo è anco peggio che inromitarsi! lasciare e abbandonar gli amici ad instanzia delle donne? Pentitevi, se non volete che io dica mille mali di voi, e in questo mezzo fatemi raccomandato con molte delle vostre belle parole alle gentili e valorose madonna Lucia, madonna Giulia, madonna Andriana, madonna Lucina, ed al mio magnifico messer Aluigi, ed al mio messer Cristoforo Gabriel, ed a messer Andrea Navagiero, ed a voi medesimo. *Mi Rhamnusi*, altre Canzoni di Cavalcanti, o di che che sia, non aspettate da me infino che io non riho queste prose da voi che ora vi mando, delle quali vi fo guardiano; e a voi mi raccomando. *Caeterum*, perchè sono alquanti che ora scrivono della lingua volgare, come intende, pregate da parte mia quelli che questi miei scritti leggeranno, che non vogliano dire ad altri la contenenza loro, chè non mancano in ogni luogo Calmetti. State sani.

Adi primo d'Aprile 1512. *Di Roma.*

A GIULIANO DE' MEDICI,
CHE MAGNIFICO ERA DETTO.

Alla lettera vostra, signor Magnifico mio, per la quale mi chiedete che io vi scriva la qualità del sogno della mia madre, il qual sogno le diede contezza della ferita che poi data mi fu quella mattina medesima che ella s'era la notte dinanzi sognata, e del caso avvenuto sopra ciò (1), rispondo: Che essendo il mio padre ambasciatore della patria nostra in Roma nel ponteficato di papa Innocenzio, ed io in Vinegia giovanetto d'anni diciotto rimasovi con la mia madre, e un piato a nome di lui facendo con un nostro gentile uomo, nomato messer Simon Goro, il quale messer Simone mandava un suo nipote, detto Giusto, a far quel piato contra me a suo nome; devendo io andar con una scrittura al Magistrato dove il piato si facea, ed uscendo la dimane della mia camera, mi si fè incontro la mia madre, e dissemi: Figliuol mio, dove vai tu? Ed io avendogliele detto, ella mi pregò, che io a parole con Giusto Goro non venissi. A cui io risposi: Che a me venire a parole con Giusto non bisognava, ma solo portare a' signor Giudici una scritta, o in presenza di lui darla loro. Il che detto, ella con maggior instanzia un'altra volta mi pregò: Che io parole con Giusto non facessi. All'otta maravigliatomi io di ciò, la richiesi a dirmi per qual

(1) Quest'avvenimento leggesi minutamente raccontato anche dal Beccatello nella Vita dell'Autore.

cagione ella così mi dicesse; ed ella seguendo mi rispose: Dicolti perciò che io questa notte m'ho sognato che Giusto Goro ti feriva nella mano destra: tu sai quanto i miei sogni alle volte vengono veri; dunque guardati, caro figliuol mio, di non venire ad alcuna riotta con lui. Di che rispostole io che così farei, me n'andai al Magistrato, ed avvenutomi con Giusto, come con amico, gli dissi: Ecco questa è la scritta che io dar voglio a' signor Giudici; e mostraigliela, così complicata in mano avendola; egli, che era nel vero anzi pazzerone che no, e non avea molto onoratamente spesi gli anni suoi i quali erano alquanti più de' miei, avventatami la sua mano, mi tolse e presesi quella scritta, e rivoltosi poco meno che correndo uscì del palagio e andò via. Io, non potendo senza la scritta procedere quella mattina nel giudicio, me n'andai tutto cruccioso nel Rialto secondo la usanza della città. Quivi venendo dappoi Giusto, e sopra l'ingiuria che egli fatto m'avea con un viso sciocco ridendo e beffandosi di me, la bisogna andò di maniera, che usciti della loggia del Rialto, e posto mano alle coltella, egli, che mancino era, mi ferì nella man destra, e tagliommi sopra il secondo dito, che indice è detto, con tutto il nodo là dove egli colla mano si congiugne, in tanto che di poco mancò che il dito col nodo a terra non mi cadesse. E così il sogno della mia madre si mostrò essere più tosto visione stato che sogno. E giurovi, signor Magnifico, per la riverenza che avere a Dio si dee da noi uomini, che io non vi mento di parola. Altri sogni ancora potrei della mia madre raccontarvi che venner veri nel lor tempo; ma a me basta avervi soddisfatto di questo che addivenne in me medesimo, come mi richiedete. State sano, e raccomandatemi alla nostra signora duchessa, e a madonna Emilia, ed a messer Baldassarre, ed agli altri compagni e fratelli nostri.

A' 26 di Luglio 1512. *Di Roma.*

AL CARDINALE DI S. MARIA IN PORTICO. A MODONA.

Io sono ritornato in su quella paura medesima nella quale io era questi giorni passati, che V. S. abbia a starci lontana più che io non vorrei: di maniera si sentono andare le cose di Lombardia; il che se m'incresce, ella lo può stimare da sè. E pure che questi giri terminino e si fermino in lato utile a questa Santa Sede e a N. S. tutto si potrà portare pazientemente; ma io dubito che ogni dì questa nostra misera Italia non si faccia più serva, e le nostre condizioni vadano peggiorando; le quali tutte cose meno mi dorrebbono se voi foste in Roma. Ora questa tema da un canto e la vostra lontananza dall'altro mi danno soverchia noia. E per arrota di tutte queste cose, avendo io questi giorni pagato a N. S. più di mille ducati, che mi bisognò trovare ad imprestito per pagare la Scritteria vacata e promessa a mia instanza, come vi scrissi, e dappói vacato ancora il Piombo, pure promesso a mia instanza medesimamente; leonde m'è stato necessario trovarne mille e secento altri, che m'hanno fornito di rovinare del mondo, e credo non essere più libero questo secolo. Così ho pagato a N. S. in dieci giorni duemila settecento fiorini d'oro e non avea tre carlini in mia possanza! Monsignor mio de' Medici, al quale andai per aiuto, mi sovvenne prontamente e cortesemente di buona parte di detti danari, e certo se non fosse stata Sua Signoria io rimaneva in vergogna. Mess. Agostin Ghisi ancora m'è stato buono amico a questa volta, siccome fu sempre. Ma lasciando queste molestie da parte, le quali un dì finiranno se a Dio piacerà, ieri vidi il signor Ippolitino nel giardino della casa di N. S., più bello che alcuno de' fiori di quel giardino. Esso a voi si raccomanda e Francesco insieme. Deh, monsignor mio caro e dolce, come ho io a fare? io vorrei domandarvi una grazia, e temo di non essere presuntuoso; dall'altro canto ricordandomi che la presunzione del mio messer Giulio vi dà alle volte molto piacere, ripiglio a dire di richiedernela. Ma questo ardire però non istà fermo. Così avendo io avuta già alcuni mesi questa voglia, non me ne sono saputo risolvere, se non ora; chè ho pure alla fine diliberato che la presunzione vinca la paura. La grazia dunque che io da voi desidero è questa: Che non si essendo per Raffaello da Urbino potuto dar luogo alla Venerina marmorea, che 'l signor Giangiorgio Cesarino vi donò, nella stufetta nuova, a cui voi assegnata l'avevate, siate contento di donarla a me, che la terrò carissima, che la porrò nel mio camerino tra il Giove e il Mercurio suo padre e suo fratello; che me la vagheggierò ogni giorno molto più saporitamente che voi far non potreste per le continue occupazioni vostre; ed infine che ve la serberò fedelmente, ed ogni volta che vorrete ve la potrete ritorre e ripigliare; il che non avverrebbe se essa andasse in mano d'altri, come necessariamente andrà se ella non viene alle mie. Deh, monsignor mio caro, non mi negate questa grazia, e non cominciate ora in me a guastare quella vostra reale usanza e degna della grandezza del vostro animo, di non saper negare cosa che vi sia richiesta; direi bene che io fossi male avventurato quando voi cominciaste ad essere avaro ora meco. Se per avventura io vi paressi in questa mia richiesta troppo ardito, Raffaello, che voi cotanto amate, dice che me ne iscuserà esso con voi, ed hammi confortato che io ad ogni modo vi faccia la richiesta che io vi fo. Stimo che voi non vorrete fare al vostro Raffaello questa vergogna: aspetto buona risposta da V. S. ed ho già apparecchiato e adornato quella parte e canto del mio camerino dove ho a riporre la Venerina, chè son certo ella mi donerà. Se pure mi bisognasse qualche altro favore appresso lei, priego il mio cortese messer Giulio che me lo dia, chè so lo farà volentieri sì per far piacere a me, che sa quanto io gli sono amico e fratello, e sì per aiutare un presuntuoso che mi confesso essere a questa volta. Anco messer Camillo spenderà, non dubito, quattro parole in favor mio, il mio caro e buono e dal mondo onorato messer Camillo! Direi il medesimo di messer Latino e di messer Ermanno, ma non voglio usar la grazia di tanti vostri servitori e miei amici e fratelli in questa cosa, riserbandogli a qualche altra. A V. S. bascio mille volte la mano e nella sua buona grazia mi raccomando.

A 25 di Aprile 1516. Di Roma.

A M. JACOPO SANNAZARO.
A NAPOLI.

Se 'l cortese, come si vede, e come io stimo sommamente gentile amico vostro, saputo avesse, signor messer Jacopo mio, quanta soddisfazione io prendo in far cosa che a voi piaccia, egli non arebbe preso tanta fatica in darmi quelle due camiscie e due sciugatoi a molto oro, e così dilicatamente lavorati, che voi mandati m'avete. Perciocchè egli sarebbe stato assai certo che di nessuna opera, posta per me in servizio altrui tutti questi cinque anni del pontificato di N. S., ho avuto sì larga mercede come della poca che nel suo piato ho posta ai prieghi vostri: tanto è stato il piacere che del servirvi ho preso. E di vero infin che voi mi avete ora una scatola di sapone moscato e quando una di manna mandata, io quel tanto ho ricevuto volentieri da voi venendomi; ora che veggo la cortesia troppo innanzi andare, e voi mandarmi doni di molto prezzo e di molto lavoro, non m'è già bastato l'animo di rifiutargli, per non offendere almeno quella volontà con la quale la corona civica dell'uno di quei doni, come dite, fu lavorata; ma bene mi sarebbe stato più caro dono, che quello medesimo gentile amico avesse estimato che l'amore che io a voi porto fosse tale che non potesse, siccome non può, nè crescere nè minuire. E perciò che egli di questi o simiglianti accidenti non avesse mestiero, a me certo è stato piacevole tutto quello affanno che per la vostra lettera a messer Jacopo ho compreso voi aver sentito dello essere stato in sospetto, che la cassetta fosse smarrita, poi che avete permesso che tale amico vostro, e di sì rara qualità, ei sia dato a così faticosa opera e di cotanta spesa, niente altro meno bisognandogli che cotesto. Nè vi voglio già io credere che non abbiate ciò inteso prima che dopo 'l fatto; ma come che ciò sia, poi che così gli è piaciuto di fare, io le dette cose ho prese volentieri, e sentogliene tanto maggiore obbligo, quanto meno gli era uopo in questa parte faticare ed a questo ufficio di mettersi così leggiadro spirito. E poscia che avete preso tanta cura soverchiamente, non v' incresca pigliare ancor questa, che necessaria è se io ingrato non voglio essere, di ringraziarnelo quanto si conviene in mia vece, e proferirmi a lui siccome cosa non meno vostra, che siate voi suo. Della sua bisogna niente dirò rimettendomi a messer P. Jacopo diligente ed amorevole sollecitatore e desiderosissimo di piacervi; se non questo, che io la reputo molto più mia, e vie più al cuore mi sta che non istà un piato che io fo ora con molta diligenza della commenda di Bologna, beneficio da me molti anni disiderato, e di cui sono in possession novellamente, della quale grande e potente avversario cerca di levarmi. State sano,

molto magnifico e dal mondo estimatissimo,
ed a me sopra tutte le cose caro signor messer Jacopo mio.

A' 24 di Dicembre 1517. Di Roma.

A M. NICCOLÒ TEPOLO.

A VINEGIA.

Ieri da messer Bernardo Bembo intesi
quello che mi fu amarissimo intendere; la
mia onoratissima figliuoccia e vostra moglie
madonna Emilia essersi morta. Onde ho preso questo calamo in mano per dolermene con
voi di quel modo che al nostro antico e perfetto amor si conviene. E ciò è grandemente,
che perciò che voi l'amavate quanto si può
moglie gratissima amare, ed ella per la sua
incomparabile bontà e infinito amore porta-
tovi molto meritava d'esser da voi amata,
non dubito che questa privazion non v'abbia
recato infinito cordoglio. Così e per conto di
lei, e per vostro ne sentiva io doppio e gravissimo dolore; e l'ho sentito in fino atanto che
ricordandomi io, voi essere e di natura prudente e per caso avvezzo alle percosse della
fortuna e per gli studi filosofo, mi sono rac-
colto tra me ed ho estimato voi nel vero a-
ver ricevuto sommo e cocentissimo affanno
di questa perdita; ma pure, conoscendo esser
ciò molto naturale e molto possibile ad essere
avvenuto ogni dì, avere eziandio fatto con la
temperanza del vostro animo e con la soffe-
renza questo vostro gravissimo danno men
grave, accordandovi col voler del Cielo, col
quale ad uno di due modi necessaria cosa è

che noi uomini ci accordiamo: l'uno de' quali è sempre usato da' savi; e ciò è accettevolmente e volentieri quanto può l'umana debolezza volere; l'altro è piuttosto di quelli che non han freno con che si reggano, e questo è a forza e mal nostro grado. Dal qual modo niuno è oggi, son certo, nella nostra popolosissima città più lontano di voi. Con questo pensiero alquanto racconfortatomi, incomincio a sperare che non mi sia punto necessario il confortarne voi, e pregarvi ad esser forte contro questi colpi della vostra disavventura, ed a por mano alla vostra virtù a questo vostro gran bisogno. Perciò che io non dubito che tutto ciò non sia già fatto e compiuto da voi e dal vostro gravissimo giudicio e consiglio; e come di cosa già fornita me ne pago in questa parte e rimangone men tristo. Il che io fo eziandio per conto del molto illustre e magnanimo e invitto signor vostro suocero; il quale se ben questa buona figliuola sua sopra tutte le cose amava e avea cara, pure mi rendo sicuro che così in questo doloroso caso averà egli dimostrato la sua invincibile fortezza, come ha in altri moltissime altre volte anzi pur sempre dimostrato: con cui vi dorrete a nome mio moderatamente, siccome con signor di sì grande animo e di tanto valor si dee fare. Come che ed all'uno ed all'altro di voi doverà aver fatto alquanto minor questo vostro gran danno la presente stagion misera, lamentevole e dolorosa, nella quale pare che sia come cosa maravigliosa e molto prospera il non perdere più che una e due care cose; fra tante guerre, tante pestilenze e tante morti che quinci e quindi s'odono e veggono in qualunque contrada, in qualunque città, in qualunque villa. Ma io non farò più lungo questo mesto ragionamento, acciò non possa parere che io mi diffidi della vostra e della sua virtù. State sane, ed a S. S. mi raccomandate.

All'ultimo di Luglio 1518. *Di Villa.*

A M. FEDERIGO FREGOSO ARCIVESCOVO DI SALERNO.

IN FRANCIA.

Essendo io in quella noia con l'animo, per la dolorosa novella della presura e sacco della patria vostra, nella quale potete da voi stimare ch'io fossi, e tanto ancora maggiore quanto di voi e del sig. Ottaviano non si sapea ben quello che ne fosse addivenuto, variamente ragionandosene, mi sopravvenne mess. Benedetto Tagliacarne vostro, al quale piacque, passando egli a Vinegia, pigliar sinistro di divertir fin qui per vedermi e ragionarmi di quelle cose delle quali egli pensava che io fossi, siccome io era, disiderosissimo di saperle. E veramente in questo tempo non so qual cosa altra mi fosse potuta così grata giugnere come è stata la sua venuta; chè come che io da alcuna altra parte avessi potuto intendere dello stato vostro, pure non credo che fosse potuto venire a me persona che così a pieno me ne avesse renduto conto, e così particolarmente, come ha fatto egli. Che non solo delle fortune vostre, ma eziandio degli studi e de' pensieri e degli animi vostri m'è egli prudente e discreto recitatore stato; di che io gliene sento grande obbligo . Ma lassiando questo da parte stare, e d'altro ragionando. Quanto al caso della patria vostra, non piglierò a consolarvi, il quale e per la prudenza natural vostra, e per la sperienza degli umani avvenimenti so che non ne avete bisogno, e sapetevi con lo essere innocente consolar da voi stesso: quanto alla vostra perdita, e' mi piace assai che quello che avete perduto era da voi amenduni stimato tale che per poco l'areste rifiutato, e sarestevene spogliati volontariamente voi stessi. Nella qual cosa una sola ingiuria avete dalla fortuna ricevuta, che ella non ha permesso che abbiate potuto mostrare al mondo questo vostro cotale animo; che è tuttavia da curar poco, quando la vera virtù di se sola si contenta, senz'altro. Rimane ora, che siete libero di quella servitù che in vista parea regno, che pensiate di vivere a voi stesso, anzi pure che mandiate ad effetto esso pensiero, chè pensato a ciò avete voi molto prima che ora, siccome io da me istimava che faceste, e come m'ha detto mess. Benedetto che pensavate e ragionavate di voler fare molto spesso. Sallo Iddio che io da Roma mi dipartii, e da papa Leone, in vista chiedendogli licenza per alcun breve tempo per cagion di risanare in queste contrade, ma in effetto per non vi ritornar più e per vivere a me quello o poco o molto che di vita mi restava, e non a tutti gli altri più che a me stesso. Non dico già ciò affine che pigliate voi esempio da me, ma perchè volentieri vi confermiate nel vostro generoso proposito, vedendo altri ancora aver saputo sprezzar delle cose che sono universalmente disiderate e cercate molto. Sommi fermato in Padova per istanza; città di temperatissimo aere, in sè molto bella, e sopra tutto è comoda e riposata ed attissima agli ozii delle lettere e degli studi quanto altra che io vedessi giammai, anzi pur molto più. E stommi ora in città e quando in villa, di tutte le cure libero; e se pure alcuna ne ho (chè nel vero il mio stato per non essere egli più largo e abbondevole de' beni della fortuna di quello che egli è, alcuna me ne dà alle volte), elle sono leggiere ed agevolmente si portano, nè turbano l'animo o gli studi suoi per questo. Non posso dirvi quanto io desideri che pensiate di venire a riposarvi ancor voi qui, ed a fermarvici, non solo per la soddisfazione e contentezza mia, che sarebbe senza fallo la maggiore che io aver potessi, ma ancora molto più per quella che io crederei che voi areste per molti conti; come che quel solo, e ciò è, che qui sono alquanti di quegli ingegni e di quegli uomini che altrove non si troverebbono di leggiere, doverebbe potervi muovere e persuadere al venirvici. Che non posso istimar per niente che pensiate di far la vostra vita in quel paese, la vita degli uomini del quale non è in parte alcuna a quella di voi somigliante; e maravigliomi ancora come il nostro monsignor di Bajus vi possa dimorar sì lungamente, come che egli non sia tanto oltre negli studi quanto voi siete. A' quali studi non so qual vento possa esser più contrario e più dal porto loro gli allontani, che quello di cotesta Corte più ad ogni altra cosa volta che alle carte ed agli inchiostri. Oh quanto fareste bene amenduni voi a venirvene in queste contrade a riposare ed a vivere oggimai una volta! La qual cosa se io avessi potuto fare, come voi potete, molto prima che ora l'arei fatta, nè arei gittati poco meno che dieci anni de' migliori della mia vita, gittati dissi per ogni altro rispetto, solo che in quanto eglino m'hanno procacciato un poco di fortuna e di libertà. Quantunque tutto questo anno io stato sono travagliato, prima per un mese da febbre continua, che m'ebbe a levar la vita, poscia per otto da una quartana noiosa molto, e gli tre sono stati dispensati in guardia e in cura di ricuperar le forze per le passate febbri perdute, che ancora non mi sono potute ritornar compiutamente. Ma tornando al signor Ottaviano, del quale sa Dio quanto mi duole che egli sia prigione, essendo egli massimamente così cagionevole della persona come egli è, se per lo allagamento che è in Lombardia di soldati e d'eserciti mi fosse ciò concesso, io sarei ora in cammino per andare a vederlo e starmi un mese prigione con esso lui; e farollo se mi si concederà poterlo fare. Quello che io per lui posso, se cosa alcuna posso, io l'ho profferto a messer Benedetto. V. S. mi spenda senza risparmio, chè il mio debito con lui e con voi è molto maggiore che non è tutta la mia fortuna. Prego ben voi che alle volte mi diate alcuna contezza di voi e di lui, chè nessuna cosa mi potrà giugner più cara, e mi raccomandiate a monsignor di Bajus ed a messer

Benedetto, se il vederete, che stimo di sì, ed a voi stesso.

A' 20 di *Luglio* 1522. *Di Villa nel Padovano.*

A M. Giovan Matteo Giberto.
A Roma.

Poche cose arei potùto veder più volentieri, signor Giovan Matteo mio, che le vostre umanissime lettere, le quali m'hanno di piacer non aspettato ripieno. Lodato sia Dio che v'ha di lontana parte e di lungo e disagevole cammino sano e salvo a Roma ritornato, e voi ringraziato, il quale non vi sete dimenticato di me, nè per lontananza, nè per la cura e maneggio delle grandi cose che avete avuto a trattar lungo tempo; le quali di leggiere le non grandi di mente altrui levar sogliono. Nè solo dimenticato non ve ne sete, là qual cosa mi sarebbe dolce e cara stata da sè solamente a pensarlo, ma ancora mi date di ciò soavissima pruova con lo scrivermi e salutarmi sì cortesemente. Rendovi eziandio grazie del vostro rallegrarvi meco di questo mio presente ozio che intendete che io mi piglio e godo così pienamente. E di vero nessuna cosa nella vita avvenir mi potrebbe giammai che più mi fosse cara di questa e di cui; amandomi voi come fate, più doveste meco rallegrarvi, ed esser di ciò più contento, siccome si fa degli amici nelle loro prospere e liete cose. Ma nondimeno dovete sapere, che la fortuna m'ha quest'ozio interrotto e tolto via per ispazio di un anno

intero in febbre quartana e altra avviluppan-
domi, non senza pericolo di lasciarvi la vita;
comechè ora, la Dio mercè, e sano e contento sono a bastanza. Nel qual tempo, ed in tutto il passato da che più riveduti non ci siamo, mi s'è del continuo per la memoria gi-
rato lo stato di voi, ed il grande desiderio degli studi che ho conosciuto in voi essere, e
quelli ragionamenti che altra volta avemmo
insieme per la selva di Soriano cavalcando;
ed in cotali pensieri non sapendo che cosa
migliore io vi dovessi poter desiderare, v'ho
sempre desiderato riposo, il qual solo io estimava vi mancasse, a farvi quanto si può
quaggiù e contento e felice. Quantunque io
vi sento di sì alto e vivo ingegno che potrete con le lettere e con gli studi far frutto e-
ziandio nel mezzo del negozio, quanto altri
soglia fare nelle solitudini, solo che a ciò fare vi disponiate. Le proferte che di voi mi
fate ricevo io volentieri e con lieto cuore,
nè men grande vi reputo io ora che io vi re-
putassi giammai, estimandovi più dall'animo
vostro che dalla fortuna e dal poter giovare
altrui, il qual potere è nondimeno in voi ampio tuttavia: pregando il Cielo che non solo
il vi mantenga e guardi tale quale esso al
presente è, ma ancora l'aumenti di giorno in
giorno; quando si vede che quanto voi potete, tanto più possono di favore e di bene
e la vertù e le buone arti e la dottrina sperare. Ho salutato il mio Flavio per nome vostro, il quale ora è meco in questa solitudine.
Cola, che è a Padova, saluterò come io il vegga, che sia fra due o tre giorni. L'uno e l'altro

Bembo.   6

sono vostri altresì come miei, ed io insieme con esso loro son vostro siccome io debbo essere per l'amore che mi portate e sopra tutto per la incomparabile bontà e vertù vostra. A monsignore lo cardinale sarete contento di basciar la mano a nome mio, ed a monsignor di Capua, al quale io scrissi a questi dì, ed al vostro gran debitore e nondimeno ricco da potere altamente soddisfarvi, e dal mondo onorato Vida, ed al mio messer Agostin Foglietta, ed allo eloquente Giovio raccomandarmi; e sopra tutti a voi stesso. State sano.

A' 6 d' Ottobre 1522. *Di Villa nel Padovano.*

A FRA NICCOLÒ ARCIVESCOVO DI CAPUA.
A ROMA.

E che so io, se egli vi venisse alle volte in pensiero, reverendissimo monsignor mio, di dire: Quel gran maestro del Bembo non ci scrive mai; e da questa cagione, insieme con messer Gio. Matteo, cominciando a dir male di me pigliaste a schernirmi ed a trattarmi da uno ingrataccio e superbone, io ne starei molto male co' fatti vostri, là dove io mi credo star bene, ricordandomi che io pure ho voi in quella medesima osservanza, come che io rade volte vi scriva, nella quale v' arei se io vi scrivessi molto spesso; ed il somigliante di voi giudicando, cioè che questo poco accidente del mio silenzio non vi muova. Tuttavia affine che ciò non avvenga (e forse che non sapete ben dir quello che vi viene ad

animo, e sete soffinguati) a voi scrivo queste
poche righe, primieramente con quella riverenza che mi si conviene, salutandovi e pregandovi a tenermi nella vostra buona grazia,
e tanto più che siamo ora d'una medesima
fazione e lega tutti; la qual cosa, da dovero
parlando, buona pezza è che io ho desiderato
grandemente di sentire, e poi per non vi dar
con le mie lettere molta noia, ed a messer
Agostino Beazzano che fie portator di questa
lasciando il rimanente, a voi senza fine raccomandandomi. Giugnerò solamente questo,
che se saprete cacciar via di Firenze e del
suo contado quello importuno gavocciolo che
l'ha questo anno così mal trattata, io mi verrò a star quindici dì con esso voi, se vi sarete.
State sano ed allegro e al nostro comun signor
monsignor lo cardinale de' Medici siate contento basciar la mano per me.

Agli 8 di Settembre 1523. Del Padovano.

A M. ANDREA NAVAGIERO ELETTO ORATORE
ALLO 'MPERADORE IN ISPAGNA.
A VINEGIA.

Piacemi della Legazione datavi dalla patria nostra, non solo perchè è onoratissima,
essendo voi destinato al maggior prencipe
che avuto abbia il cristiano mondo di gran
tempo a dietro, siccome è questo presente
imperatore; ma ancora perciò che essendo
questa la prima cosa che abbiate ad essa patria richiesta, ed ella avendolavi donata così
volentieri, il che suole a pochissimi avvenire
o a non niuno, potete già da questo principi

ogni gran dignità da lei aspettar di quelle ché ella dar può negli anni che a venir sono. Oltra che dolcissimo vi dee essere il poter voi da questo estimare, che se prima l'aveste richiesta, siccome la maggior parte de' suoi cittadini far suole, e voi prima areste da lei delle cercate cose ottenuto. Rallegromene adunque con voi non guari meno di quello che io farei meco medesimo, se io alcuna ben cara e disiderata cosa dalla mia fortuna impetrata avessi; e priego il Cielo che vi doni grazia di riportar di questa prima Legazion vostra tanto d'onore e tanto d'utile alla nostra Repubblica che ella aver non creda luogo sì onorato da poter darvi, che non l'abbiate voi col vostro bene adoperare molto maggior meritato. State sano.

A' 13 d'Ottobre 1523. Di Padova.

A M. GIULIO CAMILLO DELMINIO (1).
A BOLOGNA.

Ho avuto per mano di messer Romulo l'esempio delle Antiche Novelle che m' avete fatto scrivere di buonissima lettera, e come io veggo, molto corretto, insieme con le Rime de' poeti di quelli tempi; della qual cura tante grazie vi rendo quante posso il più, massimamente sentendovi doppia fatica in ciò avere avuto, e doppia noia per piacermi; ed oltre a ciò danno delle altre cose furatevi da

(1) Alcune Lettere del Delminio al Bembo dirette si leggono fra quelle di Diversi, allo stesso, che raccolse il Sansovino, ed impresse nel 1560.

quello reo uomo per soprappeso. Di che certamente m'incresce al pari di voi, che so quanto queste perdite sogliono altrui recar molestia e gravezza. La scusa che per questa cagion fate alla tardità e lunghezza del tempo in ciò posto, non faceva punto bisogno, perciò che questo libro così m'è giunto caro a questi dì, come egli molto prima arebbe fatto. Avrestemi fatto piacere a scrivermi la spesa che nell'una e nell'altra opera avete fatta; la qual cosa vi priego a fare ad ogni modo al ricever di questa lettera, se volete che io vi rimanga di questo impaccio datovi tenuto compiutamente. Alle altre così officiose parti della vostra lettera, e così d'amor piene e di dolcezza e di cortesia, non risponderò a parole, chè non le saprei così efficaci formare come io vorrei che elle fossero, e come si converrebbe a volervene io ringraziare bastevolmente. Serberolle nondimeno nella miglior parte del mio animo, e sempre disidererò di poter per voi cosa che tanto cara vi sia che non bastiate voi a dirmene tutto il piacer vostro, siccome non basto io, ora a dirvi tutto il mio. Al buono e gentile e da me sempre onorato Carisendi, ed al magnifico messer Alessandro Manzuolo rendete grazie delle salutazioni che mi fate a nome loro, ed alle loro signorie mi raccomanderete; e sopra tutto a voi stesso. State sano.

A' 18 di Novembre 1523. Di Padova.

A M. GIO. MATTEO GIBERTO
DATARIO DI PAPA CLEMENTE VII.
A ROMA.

Troppo sete stato cortese, signor messer Giovanni Matteo mio, ad avere in quelli giorni della creazion di N. S. al pontificato, che debbono essere stati pieni tutti di tumulto e d'abbracciamenti e di feste, non solamente dato luogo alla memoria di me che sì lontano vi sono, ma ancora preso tempo allo scrivermi così dolce e cortese lettera, che assai bastato sarebbe se voi stato foste nell'ozio nel quale io sono. Piacemi che voi vi sappiate dar tranquillità in mezzo agli alti mari delle occupazioni vostre, il che è segno di bene disposta mente; dopo il qual piacer mio, che è solamente per cagion vostra, ne viene un altro, che è solo per cagion mia: il vedermi salutar per lettere così officiose da voi a questo tempo nel quale ogni grande uomo se ne doverebbe tener pago se ciò gli avvenisse, all'altezza del presente stato vostro risguardando; il quale potrebbe giustamente di sè invaghire ciascun fermo e riposato animo, e renderlo d'ogni altra cosa dimentico solo che della sua felicità e grandezza. Ma lasciando ciò da parte, ed all'amichevole uficio che voi fate di rallegrarvi meco di questo felicissimo avvenimento di N. S. venendo, dico, che non potevate far cosa più convenevole me di questa. Perciocchè io ne ho tanta allegrezza sentita, che se le altre parti del mio stato il richiedessero, ciascun potrebbe venir a me, siccome si viene a voi o a qualunque altro che più a N. S. attenga, a far meco di ciò allegrezza e festa. E comechè io per altre mie lettere a questi dì scritte mai sia di questo stesso rallegrato con voi, pure e ora da capo e mentre che io viverò sempre me ne rallegrerò. E stimo non dovere io poter giammai per alcun caso così maninconoso esser nella vita che m'avanza, che questa allegrezza non basti a ristorarmi ed a consolarmi, solo che di lei mi sovvenga e ella alla memoria mi torni, che io pure ho avuto grazia di sentire monsignor Giulio cardinal de' Medici essere stato creato a sommo pontefice. E quantunque di questa mia allegrezza potesse ragionevolmente esser cagione quello che voi dite, l'amore che S. Santità m'ha sempre portato, e quello che io veracissimamente dirò, la mia verso lei per lo addietro somma e singolare osservanza, ed ora umile e supplice divozione e adoramento, nondimeno, signor Gio. Matteo mio, molto più ancora mi muove e tira a rallegrarmene il rispetto pubblico e universale; perciocchè io stimo, che di buon tempo addietro la Chiesa di Dio avuto non abbia pontefice così valoroso come ha ora. La qual cosa quanto a bisogno ci sia venuta, sì per la nimistà e rottura tra sè della cristiana comunanza, e sì per l'esaltazione del suo troppo grande e troppo acerbo nimico, assai agevolmente e voi e ciascuno può vedere. Rallegromi oltre a ciò del nuovo ufficio a voi donato da S. Santità non solamente per questo che io a così gran ministero, come è il datario d'un papa, veggo

posto voi così a me cortese, così amico signor mio, ma ancora per ciò che a voi è fatta in questo modo più larga e più agevole la
via di mettere ad opera la vostra gran virtù,
e di raccogliere la grazia e l'amor delle genti che il vero onore e la vera gloria genera-
no; la qual gloria suole essere delle fatiche
degli uomini guiderdone onestissimo, e da'
più eccellenti più pregiato e più cercato. Che
voi abbiate me tra quelli, a' quali, pensando
di poter servire in cotesto vostro magistrato,
ristorate la noia che vi reca il non potere intendere agli studi cotanto da voi desiderati
delle lettere, è a me ciò sommamente caro;
conciossiacosachè io potrò aver più d'una
volta del vostro aiuto mestiere, il che quando avvenisse, confidentemente vi pregherei a
farmene grazia, e voi potrete da voi donarlomi, comechè io nol vi richiegga, a cui più
spesso verrà occasion di poter giovarmi che
a me di dovervi richiedere non potrà venire;
perchè di tanta cortesia già da prima ne rendo a V. S. infinite grazie. Il mio secesso, del
quale fate menzione, non ha già potuto così
del tutto chiuder le porte alle sciagure di Roma di questi due anni ultimi che io non le
abbia con molto mio affanno ricevute. Ma
quello affanno ha in buona parte temperato
la memoria di N. S., il quale è stato segno a
cui si sono girati quasi tutti gli studi che io
ci ho fatti: Ma di ciò altra volta, e forse in
Roma ragionar si potrà quando che sia. Ora
pregando il Cielo ad avere in sua guardia la
vita di N. S., ed a voi raccomandandomi farò
fine. Mal abbia chi così lungamente ha le

vostre lettere tenute, chè essendo elle state
date a' 23 di novembre, a me non prima sono state restituite che ieri. State sano.

A' 15 di Dicembre 1523. Di Padova.

A M. TADDEO TADDEI.
A FIRENZE.

Come che io avessi sempre fatto ogni
cosa a soddisfazion del reverendo messer Niccolò Ardinghelli, per l'antica amistà, che è
tra suo padre e me, pure le vostre molte calde lettere in raccomandazion sua mi fanno
ancora più disideroso di far per lui, anzi m'ac-
cendono di disiderio che egli m'imponga
delle cose che gli siano mestiero; e già l'ho
veduto ed abbracciato e proffertogli, quanto
io ho, e quanto io vaglio. Non dubitate che
io non sia per averlo in quel conto in che si
sogliono i cari figliuoli avere, ed ancora in
maggiore, in quanto io l'onorerò a guisa di
fratello. Il rimanente della vostra lettera m'ha
raddoppiato il disiderio di vedervi: sì è dolce
ed amorevole ed affettuosa. Ma questa maladetta pestilenza di Bologna, ed alquanto sospetto della vostra, che ancor rimane se non
nella città almeno nel contado, fanno che io
ho diliberato ora, che pure passar debbo a
Roma, far la via della Marca e non venire per
costà. Tuttavolta vi do la mia fede, che se
maggior sospetto non vi sarà al mio ritorno,
di venirvi al tutto a vedere ed a godervi due
dì, ne' quali potrete ragionarmi i vostri pensieri ed io vi potrò raccontare i miei, e farvi
vedere se messer Girolamo Muzio, che dite,

v'arà bene accentato delle cose mie, o no.
Quantunque io credo, che voi ve ne avvede-
rete al primo incontro, senza che io apra bocca. Stimo che sia vero quello che dite della
memoria che tenete di me; perciò che io ne
tengo altrettanta di voi e di tutta la vostra
gentile é dolcissima famiglia; e molta contentezza sento in me a voi ripensando, sicome
avviene delle cose che altri ha più care ed
alle quali crediamo noi stessi essere in grado.
Faccia il Cielo che noi ci possiamo godere lungamente. Non bisogna che m' invitiate ad
usar dell' opera vostra dove me ne venga pro-
po, perciò che io il fo; ma voi perchè non fate altrettanto ver me? che mai non mi chie-
deste cosa niuna? Io so che avete pochi al
mondo così presti al servirvi come me areste,
volendomi. Riserbomi a dir molte cose a bocca; e perciò più che mille e mille volte alle
mie carissime sorelle e donne monna Costanza e monna Ippolita, ed a messer Gherardo
ed a voi raccomandandomi, e basciando i vostri fanciulli farò fine a questa lettera. State
sano.

    A' 10 d' Ottobre 1524. Di Padova.

A M. FELICE TROFIMO ARCIVESCOVO
            TEATINO.
            A PALAZZO.

V. S. potrà vedere quale e chente è
l'autorità sua meco, perciocchè avendomi ella domandato ieri, nelle camere di N. S. dove
poi eravamo, come io intendessi quelli due

Sonetti del Petrarca, che sono de' primi nel Canzonier suo, ed incominciano

Per far una leggiadra sua vendetta.

E,

Era 'l giorno, ch' al sol si scoloraro;
e avendovi io risposto ch' io non gl' intendea, e che eran quaranta anni passati che io gli avea sempre letti senza intendergli giammai, nè avea ancora udito che alcuno gl' intendesse, per cagion di quelle contraddizioni che paiono essere in loro; questa notte poi, ripensando io intentamente sopra essi, ed aguzzandosi nel pensiero il mio rintuzzato ingegno alla cote del desiderio che io avea di soddisfarvi, mi sovvenne la non mai per addietro scorta da me verità del sentimento loro: la quale è questa. Che essendo quello il giorno del Venerdì santo, nel quale il Petrarca s' innamorò di Laura, e di cui egli in que' sonetti ragiona, ed il luogo, la chiesa dove egli era ito per udire i divini uficj, dice, che Amore il quale altre volte assalito l' avea nè mai l' avea potuto vincere, prese ultimamente ad assalirlo in quel luogo ed in quel tempo che la sua virtù se gli era nel cuor ristretta, per far ivi e negli occhi le sue difese; intendendo delle difese che gli uomini cristiani fanno col pentirsi e col piangere i peccati commessi, incontro alle arme del nimico di Dio che ci ha tutto l' anno fatto guerra, e perciò al difendersi dagli assalti d'amore non pensando. Il qual sentimento non ha bisogno di lunghi dichiaramenti, perciocchè subito che egli è tocco, egli si scuopre tutto, e toglie via le contraddizioni e fa

chiari amenduni que' sonetti senz'altro. Sarei venuto io a dirvi ciò incontanente che io mi levai, se non fosse che un catarro m'è sopravvenuto, per lo qual penso di non uscire oggi. Nè ho anco voluto tenere in lungo il desiderio vostro, che io vidi ieri d'avere il sentimento sopraddetto. State sano.

Ai 20 *di Dicembre* 1524. *In Roma.*

A VALERIO INTAGLIATORE.
A VINEGIA.

Vi mando la vostra medaglietta del Neroncino insieme con due fiorini e mezzo, che è il prezzo che ella v'è costata, siccome mi diceste; e vi priego che quando l'arete usata e tenuta per lo bisogno al quale la richiedete, siate contento, ritenendovene il detto prezzo, rimandarla a star con l'altre mie, e con quel bello Neron grande che io ho. Io credetti che voi me l'areste data affine che io la tenessi e fosse mia, e ciò credetti ricordandomi che io pure avea fatte delle cose a benificio vostro, e tra l'altre alcuna che vi fu di più utilità che se io v'avessi donato cento medaglie tali quale è la vostra, lasciando star da parte gli altri cotanti ufficii fatti da me per voi in cotanti anni che io amico vostro sono. Dico questo, per mostrarvi la cagione che mi mosse a creder quello che io credetti, non per rimproverarvi i piaceri fatti da me in parte alcuna, chè non è ciò mia usanza. Da ora innanzi non crederò più così follemente. Ed anco il dico per farvi conoscere che io non son prete, come diceste a mio fratello,

e se io fossi prete non sarei di quelli che
v' han tenuto il vostro, ma sarei uno che
v' ho molte volte dato del mio. State sano, ed
attendete a farvi ricco, se non per altro almeno acciò che possiate far poca stima degli
amici vostri più sicuramente.

A' 11 di Gennaio 1525. Di Padova.

A M. AGOSTINO FOGLIETTA.

A ROMA.

Benchè io creda che dal mio Avila e
da messer Agostin Beazzano voi averete inteso il progresso del mio viaggio, pure almeno
per avere occasione di ragionar con voi, voglio che ancora da me lo intendiate. Io mon-
tai a cavallo, siccome V. S. vide, assai debole
dal male che Roma mi donò in merito del
mio essere venuto a riverirla; tuttavia così
come io andai cavalcando, andai eziandio ri-
pigliando e vigore e forza, dimodochè a fine
del cammino mi sono sentito essere quello
ch'io soglio; o la voglia del fuggir di Roma
che io avea, essendo stato male da lei ricevuto e trattato, o la mutazion dell'aere o l'e-
sercizio, che se l'abbia operato, o per avventura tutti tre. Feci in Bologna i giorni santi
e le feste della Pasqua, dove visitai monsignore di Fano, il quale governa così bene quella
città, e nella giustizia e nelle altre parti del
suo ufficio, che non si potrebbe lodarlo abbastanza. Giunto, che io in Padova fui, visitai
gli amici e da essi visitato me ne son venuto
qui alla mia villetta, che molto lietamente
m'ha ricevuto, nella quale io vivo in tanta

quiete, in quanti a Roma mi stetti e travagli e fastidi. Non odo noiose e spiacevoli nuove, non penso a piati, non parlo con procuratori, non visito auditori di Rota, non sento rumori, se non quelli che mi fanno alquanti usignoli d'ogn'intorno gareggiando tra loro, e molti altri uccelli, i quali tutti pare che s'ingegnino di piacermi con la loro naturale armonia. Leggo, scrivo quanto io voglio, cavalco, cammino, passeggio molto spesso per entro un boschetto che io ho a capo dell'orto. Dal quale orto, assai piacevole e bello, talora colgo di mano mia la vivanda delle prime tavole per la sera, e talora un canestruccio di fragole la mattina, le quali poscia m'odorano non solamente la bocca, ma ancora tutta la mensa. Taccio che l'orto e la casa ed ogni cosa tutto 'l giorno di rose è pieno, nè manca oltre a ciò che con una barchetta (prima per un vago fiumicello che dinanzi alla mia casa corre continuo, e poi per la Brenta, in cui dopo un brevissimo corso questo fiumicello entra, e la quale è bello ed allegrissimo fiume ed ancora essa da un'altra parte i miei medesimi campi bagna) io non vada la sera buona pezza diportandomi, qualora le acque più che la terra mi vengono a grado. In questa guisa penso di far qui tutta la state e l'autunno; talvolta fra questo tempo a Padova ritornandomi a rivedere gli amici per due, o per tre dì, acciocchè per comparazione della città la villa mi paia più graziosa. Ho ragionato con V. S. più lungamente che io non credetti dover fare quando presi la penna a scrivere; resta che io vi prieghi a basciare il santissimo piè di N. S. in mia vece, è raccomandarmi in buona grazia di S. Santità, a cui riverentemente ricordo, che comechè io abbia l'animo assai riposato, non è che la somma del mio stato e delle mie fortune non sia molto minore che non sono i miei bisogni, laonde nel mezzo della mia quiete mi pungono e fanno sospirare e gemere bene spesso: a' quali miei bisogni Sua Beatitudine promise di dar riparo, dicendomi che essa ne avea più voglia di me. Pregherete ancora S. Santità ad essere contenta di non lasciare andare in mano altrui il libro che io le donai. Alla quale N. Signor Dio presti lunghissima felicità. State sano.

A' 6 di Maggio 1525. *Di Villa.*

A M. MARCO MINIO CONSIGLIERE.
A VINEGIA.

Alla lettera vostra, data all'ultimo del passato e ricevuta questa mattina, rispondo che io non son più buono a ritener lo Spagnuolo, però che egli si partì sabato. Lo ritenni più che io potei; areilo peravventura potuto ritener più se voi m'aveste a tempo scritto e miglior risoluzione fatta intendere che quella non è che io sento: la quale arebbe potuto soddisfare se si fosse spedita quando egli venne a Vinegia, chè le voci d'ottocento fiorin d'oro offerti al Sessa da' Bolognesi non s'erano ancora udite. Ora ch'egli ha sentito il suo concorrente esser chiamato da quella città con questo salario, non si tenendo da men che si tenga colui, non ne arebbe accettato un picciol meno. Il qual concorrente, perchè dite essere il primo e costui il secondo, vi fo intendere che questo era vero già qualche anno, ma ora la cosa sta altramente, perciò che costui è tenuto il primo, ed è il primo nel vero: chè è riputato aver più ordinata e risoluta dottrina, e più utile e profittevole alli scolari che quell'altro non ha, e legge con tanta maestà e dignità che è cosa grande, ed erasi rivolto a leggere con gli autori e commentatori greci per la maggior parte, e faceva grande e non usato processo ne' testi, di modo che non si poteva desiderar da lui più di quello che egli prestava. Questi Studi non sono più nell'essere nel quale erano al tempo di mess. Marin Giorgio, che peravventura tiene ancora nel giudicar de' lettori l'affezione e lo stile degli anni suoi. La cosa è tutta mutata, ed è mutata di tal maniera che costui pare appunto nato e formato ed instrutto a questa professione sopra tutti gli altri. Il che quanto sia vero, voi il vederete dalla mutazione che farà lo Studio per la sua partita, e massimamente venendovi quello Otranto del quale è venuto novella da Napoli che egli è chiamato da cotesta Signoria, di cui soleva dir maestro Piero da Mantova, suo precettor da molti anni, che egli non vide mai il più grosso ingegno a' suoi giorni. Ma lasciando questo da parte vi fo intendere, che qui sono lettere da Napoli a' scolari, che dicono che 'l principe di Salerno ha ritenuto il Sessa a leggere in Salerno quest'anno, e che egli per questa cagione non potrà venire a Bologna. La qual cosa, se è vera, non dubito punto che i Bolognesi non conduchino lo Spagnuolo con tutto quello che egli chiederà. Però dico, che se pure cotesti Signori han caro e l'utile e l'onore del loro Studio, e pensano di non lasciar partire costui, eglino pensin di fare senza dimora quello che a fare hanno in questo caso. Nel quale caso, se sono in tanto conto cento fiorini che per essi si debba lasciar lo Spagnuolo? conducasi con gli ottocento, che io mi profero a quella Signoria di pagarne cento del mio, e ritengasegli ella de' trecento che la cassa del Consiglio de' Dieci mi paga ogni anno, come sapete voi che ne foste cagione. E perchè non crediate che io faccia questo per altro conto che per quello che io il fo, ch' è l'onor della patria mia, sappiate che io non ho parlato con lo Spagnuolo dappoi che io sono in questa città dieci volte; nè l' ho mai udito se non una, nè penso d'udirlo, nè in conto alcuno mi vaglio di lui, nè ho alcuno de' miei che se ne serva. Ma torno a dire che non s' intraponga giorni a questa risoluzione, se si vuole averlo. State sano.

A' 11 d'Ottobre 1525. Di Padova.

AL VESCOVO DI VERONA.
A ROMA.

Messer Leonico, del quale stimo voi avere alcuna contezza, è uomo e di vita e di scienza filosofo illustre, e dotto egualmente nelle latine e nelle greche lettere, ed è sempre visso e dimorato in esse, lasciata agli altri

Bembo.   7

l'ambizione e la cupidigia delle ricchezze, nè mai ha procurato pure con l'animo altro che sapere infino a questo dì, che è per ventura il settantesimo anno della sua vita, nel qual tempo egli è di prospera e sanissima vecchiezza. Ora questo messer Leonico, acceso ancora egli dalle faville, anzi pure dalla fiamma che rendono le virtù vostre, di cui si ragionò tra noi assai un di questi giorni, essendoci in mano venuti alcuni epigrammi pastorali del Fracastoro, di voi ed a voi fatti ultimamente, ne ha medesimamente di voi fatti due greci. I quali mi sono paruti così belli e così puri che io ve gli ho voluti mandare in queste lettere, e potrete in ciò vedere che sete e amato e onorato e riverito da quegli ancora che giammai veduto non v'hanno. Messer Pietro Lando si raccomanda in buona grazia vostra; ed io vi bascio la mano.

A' 28 di Novembre 1525. Di Padova.

A M. GIROLAMO FRACASTORO.
A VERONA.

Ricevuta ieri la vostra lettera in risposta della mia sopra i due Libri vostri, e veduta quella parte di lei dove dite, aver pensato di lasciar ne' detti Libri la favola dell'argento vivo, e giugnere un altro Libro agli due, non mi sono potuto tenere di scrivervi da capo, e pregarvi che non vogliate entrare in questa fatica, la quale io non solamente stimo soverchia, ma oltre a ciò ancora dannosa. Perciocchè quando ben faceste che i Libri fossero quattro, non che tre, io per me non vi concederei mai che il fingere due favole in essi, così da ogni loro parte nuove e da niuna antica pendenti, fosse altro che non ben considerato abbastanza; dove quella del legno mi soddisfa, ed empie l'animo maravigliosamente; senzachè per essere il legno cosa nuova, ella vi sta più propriamente che non fa quella dello argento, che è cosa tritta e ad ognuno famigliare, come sapete. Chè dove dite che Virgilio fa digressioni ne' suoi poemi, vi rispondo, che anco voi ne fate in questi Libri tante che è bene assai; benchè altro è digressione ed altro favola del tutto nuova. Anzi Virgilio stesso, quando favella d'Aristeo, non la finge tutta da sè, ma la trae e toglie dalle antiche. Da Pindaro non potete trar buon esempio, chè è poeta lirico e ditirambico, il quale però in tutte le sue opere così diverse non ne finge di nuove, se non due. Del Pontano non parlo, del quale se io avessi ad imitar cosa alcuna, vorrei imitar di lui le virtù e non i vizii: questo finger le favole in esso è così vizioso che per questo non si può leggere alcuno de' suoi poemi senza stomaco. Oltra che la favola vostra dell'argento, quando anche vi si concedesse che ella non fosse soverchia, per la infinita imitazione che essa ha di Virgilio, non mi piace per sè in niun modo. Torno per tanto a dirvi, che a me pare che vogliate pigliar fatica a danno vostro. Nè io saprei lodare ancora se la favola non fosse in considerazione cotesto vostro pensiero di farne tre Libri, quando la qualità della materia del Poema è così compiutamente da ogni sua parte fornita in due, che tutto quello che vi si arrogerà, non potrà essere altro se non portare acqua alla fonte. Contentatevi, messer Girolamo mio, di quello che fatto avete, chè vi prometto che avete fatto assai, e non vogliate essere voi di quelli pittori che non sanno levar le mani dalle loro opere. I due Libri sono pieni, sono abbondevoli di modo, che niente pare che vi manchi o desiderar vi si possa. Nè per tutto ciò, dalla favola dell'argento in fuori, v'è pure un verso, non dico soverchio, ma solamente ozioso. Se vi lascerete la favola, ed oltre a ciò vi giugnerete altre cose, non potrete a giudicio mio porvi giammai tanta fatica e tanto studio che non sia per parer a' dotti e giudiziosi uomini che abbiate voluto far troppo. In somma per nessuna condizione posso io impetrar da me il concedervi che quella favola non meriti esser tolta di quei Libri. Se io dico per avventura più di quello che a modesto amico si converrebbe, l'amore che io porto a quella opera, e l'obbligo che io ve n'ho, mi fa così parlare. Ho soprattenuto questa lettera per parlarne prima con messer Leonico, e vederne il parer suo, il quale è in tutto di questa medesima openione e giudicio; e così a nome suo ancora vi scrivo quanto è scritto qui sopra. State sano.

A' 5 di Gennaio 1526. *Di Padova.*

AL PROTONOTARIO DE' ROSSI.
A PADOVA.

Quando io aspettava che voi veniste qui, e mi diceste cose per le quali io m'avessi a rallegrar con voi, ed ecco che voi mi scrivete un foglio tutto pieno di disavventure e di triboli. Maladetto sia colui che n'è cagione stato, al quale non verrà la vendetta così tosto che ella non mi paia lenta e pigra. Siasi chiunque si voglia, egli non può essere se non reo e malvagio uomo, e già mi va per lo capo chi egli debba essere stato, e stimo in ciò non ingannarmi. Conforterò nondimeno voi a far buono animo, perciò che potrà agevolmente avvenire, che tutto quello che ora v'è di noia e d'amaritudine cagione, vi ritornerà in brieve a diletto ed a dolcezza; che poi tanto più vi gioverà quanto le vittorie acquistate con maggior sudore e fatica e perigli sogliono essere e più graziose e più care. Del Barbarino, che v'è stato ferito, mi duole: era cavallino da tener caro. Ho fatto l'ambasciata vostra alla Morosina, la quale e vi ringrazia della memoria che tenete di lei, e si profferisce di servirvi in quello che ella può; tuttavia dice, che se ella cercasse ottener da me la cosa che volete aver per mezzo di lei, ella verrebbe a voi per favor da ottenerla. Non che ella s'arrischiasse di credere potere in questo meco più di quello che voi potete; nella cui buona grazia ella ed io ci raccomandiamo. Io v'attendo qui ad ogni modo, dove se voi non verrete verrò io a voi. E in questo mezzo tempo v'abbraccio. Se le

novelle che ha il signor Cesare Triulzi fien
vere, elle mi saranno grandemente care; nè
dico già io che elle vere non siano, ma così
è grande di ciò il disiderio mio che io ne sono non poco geloso. Fortunile il Cielo, e vere
le faccia felicemente per noi. La lettura di
messer Fabio, se esso non la vorrà, fia per me
sempre a disposizion vostra. Al signor Cesare sarete contento raccomandarmi assai. State sano.

A' 5 di Giugno 1526. *Di Villa.*

AL VESCOVO DI POLA.
A VINEGIA.

Io ho molte volte nelle mie bisogne, ed
in quelle de' miei, pregata Vostra Signoria, e
richiestole delle grazie siccome si pregano i
grandi uomini che sono preposti agli altri, e
credo essere per pregarvi, se io averò vita,
delle altre volte assai. Chè per vostra cortesia
solete volentieri ascoltarmi, e volentieri ancora fare di quelle cose che giustamente far
potete a benificio o pure a soddisfazion mia.
Ma certo io mai non vi pregai con cotanto
disiderio d'essere da voi esaudito, con quanto
vengo a pregarvi ora, nè stimo che mi si possa agevolmente venir fatto per lo innanzi di
pregarvi e supplicarvi così di tutto il cuore e
di tutto l'animo, come fo a questa volta. Messer Francesco da Noale, buon medico e buon
uomo, fu mio parente assai stretto, il quale
oltre al parentado giunse tanti uffici e per
conto dell'arte sua e per ogni altro modo con
mio padre e con tutta casa mia e sopra tutto

meco, che io ho quella benedetta anima in molta riverenza e tengo i suoi figliuoli in luogo di miei carissimi ed amantissimi fratelli: i quali hanno medesimamente sempre aggiunto e tuttavia aggiungono ogni dì sopra le cortesie e gli uffici del padre, nuovi uffici e nuove cortesie. A' quali essendo ora venuto quello impaccio che voi sapete sopra la presentazione che aspetta loro della cappella di s. Leonardo di questa città, e che già è fatta nella persona di messer Bartolommeo, figliuolo che fu di messer Francesco; il quale impaccio viene loro da parte assai debole, che è quella femmina che vorrebbe potere eleggere anco ella, ed ha già eletto e presentato non so cui, e col favor di Vostra Signoria cerca impedir la presentazion sopraddetta, il qual favore in ogni causa può sempre o tutto o molto. Vi prego affettuosissimamente che per amor di me, del quale avete voi in ogni tempo mostro di far più stima che io con voi non merito (se in ragion di merito non si conta l'osservanza che io vi porto) vogliate levar di briga e di piato questa buona e virtuosa famiglia. E se bene quegli altri profferiscono alcuna parte delle rendite di questa cappella a messer Bartolommeo Alessandrino secretario vostro, siate contento di beneficare in altro esso messer Bartolommeo, e questo donare alla mia affezion verso voi ed alla infinita riverenza che io v'ho, e più tosto condennar me a ricompensar tutto quello che coloro a lui promettono, ancora che egli possa (per le ragioni che i miei parenti hanno e per la difesa che di far s'apparecchiano).

per avventura non conseguirle. Ma io voglio
far pensiero che egli sia per conseguire, anzi abbia già conseguito tutto quello in che
egli ha il favore e consenso vostro. Non dirò
in questa materia più a lungo, se io aggiugnerò sol questo che io sono per ricevere da
Vostra Signorìa in questa grazia e dono, s'ella non la mi negherà, molto maggior dono e
grazia, che non è tutto quello di che la que-
stion si fa, e saronnele perpetuo e fedel debitore. Nella cui buona grazia riverentemente mi raccomando.

A' 17 di Settembre 1526. *Di Padova.*

A M. MARCO ANTONIO MICHELE.
A VINEGIA.

Lodato sia Dio, che ho veduto l'opera
del nostro messer Jacopo Sanazzaro del Parto della Vergine, e le sue Pescagioni pubblicate e date a luce. Il nostro secolo arà questa
eccellenza da ravvicinarsi in alcuna parte a
quelli belli e fioriti antichi; e il poeta gode-
rà vivo la sua medesima gloria, e udirassi lodar dal mondo *miris modis.* La qual cosa
quantunque gli avvenisse ancor molto prima
che a quest'ora, pure stimo che per lo innanzi gli avverrà più pienamente, e più secondo
il merito delle sue fatiche. Quando scrivere-
te al consolo vi priego gli diciate, che egli
sia contento render molte grazie a nome mio
a messer Jacopo del dono delle dette sue opere che egli a nome suo m'ha mandate, al
qual messer Jacopo non ho ora tempo di
scrivere. Che monsignor Sadoleto porti così

tranquillamente il sacco della sua casa, non
m'è nuovo, siccome quelli che so che egli fin
da garzone avea e il nome e la dottrina e le o-
pere di buono e vero filosofo. Del povero mess.
Agostin Pesaro, che ci ha morendo lasciati,
mi duole quanto può doler cosa dolorosa alcuna. È morto un raro e pellegrino ingegno
e d'una elegantissima dottrina ed insieme
d'una compiuta bontà. Dio il faccia fortunato di là, poichè egli di qua è stato poco avventurato a quello che egli meritava, essendosi così giovane partito di questa nostra vita, se pure ella morte piuttosto non è. Di
messer Antonio Tebaldeo io sapea quanto
scrivete. Del Negro mi piace. I miei studi,
de' quali volete intendere, vanno secondo
che essi possono, talor bene e con piacer mio,
talora e vie più spesso freddi e lenti, per le
disuguaglianze che porta seco questa nostra
umanità di mille impedimenti fasciata. State
sano, e non v'esca di memoria che io vostro
sono.

A 18 d'Ottobre 1526. Di Padova.

ALL'ARCIVESCOVO TEATINO.
A ROMA.

Ringrazio Dio e voi, monsign. mio buono e caro, che avete fatto che io non sono
del tutto in Roma dimenticato; e ringrazio
la memoria che avete serbata di me: dico in
non aver lasciato passar quella supplicazione
o breve così ingiusto contra me a questi giorni: di che vi sentirò eterno obbligo, renden-
dovene quelle più immortali grazie che io

posso. Anzi vi prego io a pigliarmi nella protezion fedéle vostra, solo a non mi lasciare far torto e ingiustizia; chè non manca da ogni parte sempre chi cerca di nuocere a chi a niuno nocque, che egli sappia giammai.

Quanto a' tre versi ultimi di quel sonetto del Petrarca, che incomincia:

Se mai fuoco per fuoco non si spense, che dite non vedere come intender si debbano, e disiderate saper da me come gl'intendo io vi rispondo, che io stimo che tutta la malagevolezza loro sia per cagion di quella voce *obbietto.* La quale ognuno piglia passivamente, e ciò è per madonna Laura che era l'obbietto di lui, a cui egli mirava sempre; ma nel vero ella si piglia male, in quella guisa che le parole non procedono nè rispondono alle comparazioni, a cui esse risponderebbono. Deesi dunque pigliare attivamente, cioè per quello atto che fa il Petrarca nel correre a madonna Laura col disiderio suo, mentre egli si gitta e abbandonasi ver lei. Siccome la usò Virgilio, quando e' disse:

Est in secessu longo locus.
Insula portum efficit, objectu laterum.
Nel qual luogo *obbietto* è attivamente detto, non passivamente, e ciò è *dum latera objicit.* Dice adunque il poeta:

Così il desìo, che seco non s'accorda, in quanto egli molto disiderando poco adopera. Vien perdendo nello sfrenato obbietto, ciò è *dum se effraenate objicit.* Il qual sentimento perciocchè potea parere alquanto nuovamente detto, e per avventura non si sarebbe inteso di leggiero, aggiunse l' ultimo

verso, che con altre parole dice quel medesimo più chiaramente:

E per troppo spronar la fuga è tarda.
pigliando il *troppo spronar* e per quello che
egli avea detto *sfrenato obbietto*, e la *fuga
tarda*, per quello altro, che egli disse, *vien
perdendo.* Così il sentimento è piano, e alle
comparazioni dette ne' tre versi sopra ri-
spondentissimo ed appositissimo. Vi bascio la
mano e nella vostra veramente a me buona
ed utile grazia con tutto il cuore mi raccomando. N. S. Dio vi faccia consolatissimo di
tutti i disiderii vostri, chè tutti son certo siano santissimi.

A' 5 di Dicembre 1526. Di Padova.

Al Vescovo di Bajus.
a Vinegia.

Messer M. A. G. il quale è in Roma molti anni sono, costumatissima e virtuosissima
persona, è tanto mio che più non potrebbe
essere se esso non mi fosse fratello. Egli sa
quanto io di V. S. sono, e perciò desiderando egli esser raccomandato a monsignor Datario all'onore di quel cappello che cotanto si
cerca, e per avventura si dovrebbe fuggire;
al quale onore esso stima che 'l papa abbia a
chiamare in brieve alquanti, dalle presenti
guerre e dalle gravezze di quella santa Seg-
gia a ciò sospinto e costretto, ha preso a volere che io mi trametta ad ottenergli da voi
questa grazia, ciò è che voi per vostre lettere lo raccomandiate al detto monsignor Datario. E stima che questa raccomandazione

gli abbia a portare gran frutto, perciocchè medesimamente si persuade che voi per amore di me gliele abbiate a fare e amorevole e calda. Io che dall' un canto vorrei soddisfare all' amico, che insieme e con molta instanza e con molta confidenza mi priega di ciò e mi stimola, e dall' altro temo non forse V. S. si guardi di far per altrui quegli ufficii che ella non ha mai voluto fare per se stessa, sono stato buona pezza sopra me, e non ho avuto ardire di darvi questo carico e questa noia. Ultimamente vinto dall' amore che io al detto M. A. G. porto e son tenuto di portargli; dubitando se io questo gli negassi che egli non istimasse che io gli fossi piuttosto amico finto chè vero, ho preso la penna in mano; con la quale assai domesticamente vi priego, che se potete indurre il vostro alto e virtuoso animo a far al signor Datario questa raccomandazione dell' amico mio, voi il facciate e raccomandiateghele, e con quella vostra laconica e gratissima facondia che il Cielo con larga mano v' ha donata, e con quella grande autorità che avete saputo, bene operando, acquistare con Sua Santità, anzi pure col mondo tutto. Il che se fia, oltre che V. S. porrà bene ed in grato e virtuoso animo questo ufficio, io sopra tutto ve ne sentirò singolare obbligo, e crederò che abbiate in ciò voluto sforzare e vincere voi medesimo per piacermi. Nella cui buona grazia raccomandandomi, e pregandovi di due versi di risposta, fo fine. State sano, grande e osservandissimo signor mio.

Agli 8 di Gennaio 1527. Di Padova.

A M. Angelo Gabriele Avvocator del Comune.

A Vinegia.

Questo povero mio affittuale, il quale gli avversarii, avarissimi e ingiustissimi uomini, vogliono vincere straziandolo, siccome persona che non ha da spendere, anzi a fatica basta a mantenere una sua grave e numerosa famiglia, ritorna ora a voi per soccorso e per sostegno, dal qual esso fu benignamente e udito e sovvenuto altra volta. Vi priego a dar fine alle sue fatiche e a liberarlo dalle insidie de' suoi collitiganti, già pieni del sangue della sua povertà, ma non sazii. La qual cosa fia bene a soddisfazion della giustizia e ad utile ad essi avversarii suoi medesimi; per ciò che io temo forte, non costui, siccome disperato, dia loro un giorno di quello che essi vanno cercando, per fuggire e finire a quel modo che egli potrà le loro avarissime insidie. Raccomandolvi il più che io posso; e vi ringrazio di ciò che già fatto avete per lui. State sano.

A 29 di Gennaio 1527. Di Padova.

Ho veduto la vostra Elettra con quello amore, con che vorrei che ognuno vedesse le mie scritture. Sopra la quale, posciachè voi così caldamente mi richiedete che io vi dica il mio giudicio, dico che io ci ho veduto di molti bei luoghi. e con molta vaghezza rapportati nel latino, che dovranno grandemente piacere a chiunque con diritto occhio gli leggerà, ed a me sono piaciuti mirabilmente. E' vero che in molte altre e molto maggiori parti io vi desidererò più cura di quella che a me pare che v'abbiate posta, e più studio e più fatica. E per questa cagione crederei che fosse ben fatto che non la vi lasciaste uscir di mano con questa faccia che ella ora ha, ma cercaste di abbellirla ancor più, prima che ella veder si lasciasse da chi grande amico vostro non fosse. Nè è che io non sappia quanto malagevole cosa sia il far Sofocle latino a verso per verso, che possa piacere; e perciò non loderei giammai ad alcun mio amico che pigliasse cotali imprese; ma so ancora quanto gli uomini più volentieri vituperano le cose non belle, che essi le difendano o iscusino con la disagevolezza, o ancora con lo essere poco possibile che ogni verso risponda. Questo è il mio breve avvertimento sopra la tragedia tutta, dettovi se non con molta scienza, almeno con infinito desiderio dell'onore e della gloria vostra. Quanto poi alle altre cose particolari per lei, che non sono perciò molte, ne ragionerò col vostro messer Giovanni, quando egli ritornera qui. State sano, e riputatemi molto vostro.

Al primo di Marzo 1527. Di Padova.

A. M. Agostin Gonzaga.
A Mantova.

Il signore Ercole, signor vostro e certo ancor mio, non solo perchè è nato signore ma molto più perciocchè egli si veste e fregia da se stesso di quegli ornamenti che io sopra l'altre cose tutte onoro, e che fanno gli uomini ben degni d'essere degli altri uomini signori, prese a' miei prieghi messer Francesco Bellino nella sua famiglia. Il qual Bellino tanto predica quel signore e tanto l'ama che ha fatto me ancor più acceso nell' amor di lui che io non era ed era poco meno di quanto si può essere. Tuttavia ricercandolo io della vita che egli ora tiene, e de'suoi studi, siccome colui che desidero che egli non si fermi, chè sarebbe peccato grandissimo, ma vada innanzi di di in di là dove lo chiama la sua stella che gli ha donato così chiaro ingegno, truovo che egli è in compagnia bene onorata del maestro del signore Ercole, ma di qualità che egli poco può attendere allo studio, per cagion degli esercizii che in quella camera si fanno; i quali quantunque sieno per lo più di lettere, pure a lui tolgono la quiete e l'ozio particolar suo. Intendo oltre a ciò che egli è stato posto a quelle tavole, tra le quali il suo mondo e levato animo più perde che il corpo non acquista. Perchè ho voluto pregar voi, che per amor di me che vostro sono, vogliate pigliare un poco di cura in fare che nell'una e nell'altra cosa messer Francesco abbia da potere alquanto più riposar l'animo. Perciocchè se questo fia, egli potrà meglio e più vivamente intendere a'suoi studi: il che tutto ritornerà a più onore del signore Ercole, a cui esso gli ha dedicati. Voi sopra tutto pigliate in ciò via la quale in nessuna parte possa offender l'animo di S. S., il quale io nondimeno stimo che sappia poco di queste particolari bisogne de'suoi, siccome avviene nelle grandi case. State sano.

A' 7 di Marzo 1527. Di Padova.

AL PROTONOTARIO DE' ROSSI.
A PADOVA.

Mando a V. S. il primo frutto che quest'anno nella mia villetta è stato colto, alquante fraghe, le quali benchè siano più tosto cosa da donne, pure, perchè sono assai primaticcie, le vi mando, siccome cibo che ha natìa virtù di rallegrare: vengono insieme con un capretto; goderete per amor mio l'une e l'altro. State sano.

A' 16 di Aprile 1527. Di Villa.

A CAMILLO DI SIMONE.
A BOLOGNA.

Ho veduta e letta la tua bella e lunga
lettera molto volentieri, e parmi che tu sia
già fatto valente assai secondo la tua brieve
e picciola età; e lodoti che hai ben posto le
tue fanciullesche giornatelle, e che oltra che
sai scrivere latinamente, fai ancora assai bella e formata lettera. Ma vedi che non ti paia
sapere per ciò assai, e che voglia non ti venga
fermarti, o di non passar più oltra, se non
lentamente, chè nulla fatto aresti. Anzi ti sia
sprone a farti andare ancora più veloce per
lo innanzi, il vedere te aver fatto buon viaggio per lo addietro, e che sii camminato questi tuoi primi anni profittevolmente; perciò
che così fanno i buoni fanciulli che vogliono
divenir prodi uomini e dotti, e onorar la casa
loro e rallegrar di sè i loro padri e le loro
madri; siccome dei por cura e studio di far
tu sopra gli altri, che sei cotanto amato da'
tuoi e cotanto adagiato e aiutato acciò che
tu apparar possa le buone lettere, e crescere
in costumi e in sapere non meno che in persona e in età. La qual cosa acciò che io saper
possa, se tu la farai, voglio che tu mi scriva
spesso latinamente siccome hai fatto ora. In
questo mezzo saluterai madonna tua madre
da parte mia e il tuo maestro. Tuo padre, che
venne a me malato, ti rimando io sano e salvo, chè fia portator di queste mie lettere a te
siccome fu a me delle tue. Sta sano.
A' 4 di Giugno 1527. Di Padova.

Bembo.   8

A M. FRANCESCO CORNELIO FIGLIUOLO
CHE FU DI MESSER GIORGIO.

A VINEGIA.

Quanto mi sia doluta la morte del vostro
venerando padre, non credo faccia mestiere
che io il vi scriva, che sapete quanta riverenza io gli ho sempre portata, e come in luogo
di mio signore e padre l'ho avuto, almeno poscia che io senza quel padre rimasi che la
natura mi diè, e che fu tanto suo non solamente per parentado che tra loro era e che
è a noi rimaso, ma molto ancor più per elezione e volontà, conoscendolo essere di quella somma virtù che egli era. Sommi adunque
di ciò doluto incomparabilmente e perciò
che a me pare avere un mio carissimo e osservandissimo padre perduto (e stimo in questo essere poco men che al pari di voi e degli
altri figliuoli e figliuole sue), e perciò che la
nostra patria e repubblica ha perduto il maggiore e più illustre cittadino che ella a questo secolo avuto abbia, e forse a più altri secoli sopra noi ; ed hallo perduto a questi tempi
ne' quali sommamente a lei facea luogo della
sua singolar prudenza e del suo grave e infallibile consiglio. Nè giudico questa morte
di minor perdita e danno della nostra città
che si sia qualunque altra disavventura pubblica di molte che noi vedute abbiamo. Come
che a lui l'esser morto a questi dì ne' quali
il caso e la fortuna pare che reggano disso-
lutamente le umane cose, e non più alcun
buon governo e giudicio e ordinamento degli

domini, dee esser posto a compiuta somma della sua felicità. Chè avendo egli generati molti figliuoli, e vedutogli tutti in prosperissima e disideratissima fortuna, ed essendo già pieno sopr' abbondevolmente di tutte le cose che nom può disiderare ed aver care, avendo grandemente, e molto più che alcun altro che oggi viva cittadin suo, meritato con la Patria nostra, lo essersi tolto ora dal mondo, il quale poche cose ha che debbano altrui far caro il vivere, a me par piuttosto dono di N. S. Dio che altro; il quale abbia voluto che a lui nessuna cosa manchi, poichè e lunghissima e felicissima vita gli ha dato e morte opportunissima. Le quali cose, da me considerate, fanno che io rattempero in gran parte il dolore che la sua partita m' ha recato; e conforto altresì voi che tempriate il vostro che ragionevolmente preso avete della morte di tanto padre. E sì come sete voi per età il maggiore di quattro figliuoli ch' egli lasciato ha eredi e successori delle sue larghissime ricchezze e della sua chiarissima fama, così vogliate essere il più ardente ad imitare le sue virtù ed a bene consigliare e giovare alla patria in luogo di lui. La qual cosa se voi farete, e gli altri vostri fratelli quello faranno che loro s' appartien di fare, parimente non dubito che ed alla patria non porgiate caro ed opportuno sollevamento di questa sua così grande giattura; vedendosi ella avere quattro vicarii e quattro esempi della virtù di lui, che potrete ciascuno di voi altrettanto adoperar di bene per lei quanto egli ha operato, ed alla vostra famiglia non siate per accrescere lo splendore, raccendendovi voi stessi che sete cotanti, a dare a lei chiarezza in vece d' un lume solo. E questo che io dico, nol dico perciò che io creda che faccia uopo, conciossiacosachè già avete voi da molti anni per addietro quello preso a fare che io dico, e gli altri vostri fratelli secondo la loro età già il fanno altresì; ma dicolo per questo che il confortarvene è un lodare il vostro medesimo proponimento, poscia che voi da voi stessi fate e adoperate quello a che io vi spingo ed inanimo. Rimane che pensiate e crediate che siccome io della morte di vostro padre ho preso infinito cordoglio, così delle vostre buone e belle operazioni e d'ogni prospero avvenimento della vostra illustre e nobilissima Casa io sia per sentire incomparabile allegrezza, e come buon parente e come vero amico e come fedel vicin vostro. Sarete contento salutare a nome mio e confortare i vostri magnifici fratelli, e questo stesso a loro profferire di me e promettere che io a voi prometto e scrivo. State sano.

A' 5 d' Agosto 1527. *Di Padova.*

AL GENERALE DI SANTO AGOSTINO.
A PADOVA.

Alla dolce lettera vostra se io volessi rispondere tutto ciò che al suo merito ed al mio debito si converrebbe, oltra che mi bisognerebbe dire più lungamente che io ora far non voglio, questo ancora vi potrebbe essere di mio danno, che voi mi giudichereste adulatore, come l'amico nostro già fe' perciocchè io bene di lui avea detto. Dunque non dirò se non questo poco, che voi siete quel troppo dolce e troppo soave che dite che sono io. Il mio acquato, che per esser tale quale suona il nome mi confortate a dover serbar per la state; dico che è appunto da bere ora, e mentre che più freddo e più gelato è il tempo. Perciocchè il caldo de' nostri corpi accentratosi per la stagione adopera da sè quanto fa mestiero senza altro caldo che in noi di fuori venga; ma la state, perciocchè ella ci risolve il calor naturale interno, e fuori venire il fa con la forza del sole che a sè il tira, ha del soccorso di fuori uopo che aiuti la virtù digestiva, fatta languida e debole dalla stagione: il che fa benissimo e adopera il buon vino e ben vestito, come voi dite. Vedete oggimai voi se io sono buon medico, o se io ho studiato, come molti fanno, la buccia sola delle medicine; o forse indarno.

A' 10 di Novembre 1527. Di Villa.

A M. ANTONIO TEBALDEO.
A ROMA.

Ho inteso con molto mio dispiacere, voi essere in opinione d'andare a far la vostra vita nella Provenza, sazio o piuttosto malcontento delle cose della nostra misera Italia. Laonde ho voluto scrivervi e pregarvi a non entrare in questi pensieri, e a non volere privar di voi tanti amici vostri quanti avete in queste contrade, che ne avete molti. Sete amato, sete riverito, sete desiderato qui, sete desiderato in Vinegia, dove avete il parente vostro che. molto v' onora e vuol partire tutta la sua fortuna con voi, e struggesi che facciate questi pensieri ; col quale io stimo che potreste dimorar con l' animo riposato, e dove sono più delle comodità della vita, spezialmente agli uomini attempati, che sian peravventura in veruna altra città del mondo. Avete Padova, nella quale sempre sarete lietamente e amorevolmente ricevuto : chè volete voi, caro il mio mess. Antonio, andare ora lontane e non usate e incomode contrade ricercando? Sete in età che dee voler riposo ; e quale città più è da riposo che Vinegia? e chi l' ha giammai e conosciuta e amata e lodata più di voi? Or vi siete voi così agevolmente dimenticato del vostro giudicio medesimo? E se di quinci fuggiste per terra delle guerre e di quel male che passato avete ; e qual luogo o quale città più è da questi sospetti lontana che la patria mia? Gli anni giovani si possono arrischiare, per chi vuole, senza rispetto, chè se ben ci vanno essi in alcuna parte falliti, quelli che sopravvanzano a dovere ammendare bastano e correggere gli errori e le imprudenze nostre; ma le vecchie etati e le ultime, se peccano non hanno poscia, da riporre e da ristorare i nostri danni, tempo; e nel mezzo del peccare il più delle volte conviene che si forniscano in cruccio e in isdegno e in vani pentimenti e disperatezze. Dunque di grazia pensate di venir qui, e penserete del comodo e del ben vostro. Io parlo così per molto amore che io vi porto, e molto desiderio che io ho della quiete vostra. Priegovi ultimamente mi facciate intendere alcuna cosa di voi. Tutti gli amici vostri stanno bene. State voi sano.

A' 5 di Gennaio 1528. Di Padova.

A M. ANGELO GAGRIELE.

A VINEGIA.

Io ricevetti il vostro Cornelio quanto per me non volentieri (per le cagioni e rispetti de' quali già per addietro a bocca v' avea detti), quanto per voi, a cui ogni cosa debbo, di buono animo e con pensiero di tenerlo per amor di voi caro. E prima incominciai a fargli mostrar le cose della grammatica, e gli comperai que' libri che egli mi richiedette; e gli arei comperato tutto quello che mestiere gli fosse stato, se non che assai tosto si conobbe che in quel capo una lettera non poteva entrare, nè anco egli si curava che ella v' entrasse. E nondimeno sollecitatonelo io, e ricordatogli il suo bene molte volte, alla fine ne raccolsi più certo quello stesso; e ciò è, ogni fatica in ciò presa essere del tutto soverchia e vana. E perciocchè egli facea assai sovente, anzi pure ogni giorno, delle cose mal fatte, io il riprendea amorevolmente, e facealo riprendere acciò si volgesse a pigliare i buoni costumi e lasciasse i malvagi; e tale volta io il minacciava, affine che almeno per paura egli s' ammendasse. Il che tutto sempre è stato indarno; anzi quanto più gli era insegnato, o minacciato da me o da altri, tanto peggio parea ch'egli s'ingegnasse di far sempre; perciò che nè verità più gli si

potea udire in bocca, nè facea cosa che impo-
sta gli fosse se non a ritroso, nè me ubbidi-
va più che gli altri, nè trascuraggine di tutte le cose fu giammai somigliante alla sua;
nè guattaro si poteva vedere o più lordo o
più ghiotto e più lecardo di lui, chè non solo
in casa, ma ancora per tutta la vicinanza an-
dava proferendosi di far pruove di mangiare
e di bere; e faceale quando si trovava chi
accettasse le sue proferte. E già s'è veduto
ingoiare tanto latte, pagatoli a quel fine, che
io mi maraviglio come egli non iscoppiasse.
Nè parlava altro che balordamente sempre e
con voce incomposta e villana in modo che,
perduta io ogni speranza della sua correzione,
più non mi sono in ripigliarlo faticato, e la-
sciavalo stare immaginandomi d'avere un
pazzo in casa, come hanno alle volte i signori e gran maestri, e di pascerlo e vestirlo volentieri per amor di voi che dato me l'avete.
E tra me stesso mi maravigliava, come fosse
possibile che di vostro fratello e di quella
donna, la quale io intendea da ognuno esser
così costumata e così gentile, fosse potuto nascere questo mostro. Ma poi ancora crescendo
egli in tutti questi vizii, che io ho detti, di
giorno in giorno, e ora facendomi non pure
in casa ma eziandio in ogni luogo dove io
andassi mille vergogne, e tutto dì venendo-
mene doglianze e rammarichi, e ultimamente essendo egli divenuto tanto insolente e be-
stiale che incominciava e a voler battere i
miei di casa, e a minacciargli di cacciar loro
coltelli nel petto, e a metter mano ad essi;
e poco fa ruppe una gamba al dispensier mio,

che è il migliore uomo del mondo, ho preso
il calamo per farvi intendere queste cose, e
pregarvi che ora che egli è voluto venire a
Vinegia, dicendomi che un suo zio era morto, e aveagli lasciato ducento fiorini, e per
ciò volea vedere di questa sua eredità, nol
mi rimandiate più a casa, chè io sopportare
non posso più oltra così irrazionale e dissolu-
to non uomo ma del tutto bestia: al quale e
nessun vizio manca e nessuna virtù fa compagnia, e che questo dà di sè ancora per so-
prammercato, che egli si giuoca e le calze e le
berrette e il mantello e le camiscie, acciò che
nessun patrone il possa tener vestito, se pure
alcun fosse che volesse ciò fare, come certo
ho voluto far io: che gli feci riscuotere poco
fa il mantello perduto a giuoco per dieci mar-
celli, avendogli io per addietro minacciato di
cacciarlo via se più giocasse, e che gli feci
comperare di questi di quattro camiscie, aven-
dos'egli pure giocate quelle che si recò da
sua madre e da voi. E se per isciagura gli viene giocando qualche quattrin guadagnato,
non crediate che egli se ne faccia gonnella,
perciò che tutti se gli manda giù per la gola,
come se egli in casa mia non avesse che mangiare. Costui, mess. Angelo mio, non è uom
da stare in casa di gentile uomo alcuno, chè
è bastante a far vergogna all'onore stesso, e
a far parer viziosa la stanza medesima della
virtù, ma è da tenere in mare del continuo
sopra alcuna nave, quando egli non volesse
esser nelle galee di mess. Andrea Doria legato
ad un remo, perciò che quella sarebbe veramente stanza e dimora e esercizio da lui. Per

Dio e per santi, messer Angelo, che io non ciancio ma dico daddovero, come anco ho a lui medesimo detto assai veracemente parlandogli. Ma lasciando questo da parte, voi delibererete di lui come vi parrà; a me nol rimandate più per nessun conto se non avete piacere di farmi vivere mal contento tanto quanto io mel vedrò dinanzi. Sa il vostro prete che a me il condusse, che io allora gli dissi di tenerlo volentieri se egli fosse pro' e gentile: ora questo non mi muove più, nè cercherei che egli o prode o gentile fosse, solo che egli fosse mezzanamente scostumato, ma essendo egli il vizio medesimo e la scostumatezza, lascio addietro la lordura e la balorderia sua, e molte altre belle parti che io dire non voglio, questi non posso io sopportàr più che in casa mia sia, e priego voi a nol volere sopportar parimente, se amate me e l'onor mio, come so che amate e come ne avete ultimamente fatto molte pruove, le quali io nel mezzo della mia memoria serbo e serberò sempre. State sano.

A' 10 d' Aprile 1528. *Di Villa.*

AL GRAN MAESTRO DELLA RELIGIONE GEROSOLIMITANA,

A VITERBO.

Dio sa, che a questi sinistri tempi per la nostra santa Religione io vorrei piuttosto potere a V. S. dare qualche mia utile e profittevole opera, che addurle escusazion di quello in che io manco a beneficio suo. Nè so che grazia io potessi da N. S. Dio ricever più cara di questa, potere ora io in ciò dimostrare a V. S. l'animo mio, quale esso è. Ma considerando che al tempo della felicissima memoria di papa Leone, per tutti quegli anni del suo pontificato, io fui a detta Religione non inutile servo, nè mi trovai mai stanco di far per lei e di servirla è di donarle, ancora che io non fossi suo come ora sono, mi fido che tutto quello che io vi dirò doverà essere creduto venir solo dalla difficultà della stagione, e non in parte alcuna da semplice volontà mia di iscusarmivi per fuggir carico o gravezza.

Io ho due beneficii del nostro ordine: uno è la commenda di Bologna, e l'altro quella di Benevento. Fo intendere a V. S. che prima di quella di Benevento i due anni prossimamente passati non ho avuto solo un picciolo di rendita; non perchè io non abbia i miei affittuali richiesti e sollecitati, ma perchè la disagevolezza de' tempi ha dato loro occasione di ritenersele mal mio grado. Le quali rendite se io avute non ho questi passati anni meno in quel regno turbolenti, come non ho (e giurolo a V. S. per lo sacro segno che io di questa santa Religion porto), pensi ella se io son per aver quelle di questo, già vicine e prossime a doversi riscuotere e avere, se aver si potessero. Poi di quella di Bologna ella saperà, che per la dimora che fece l'esercito de' Spagnuoli e de' Lanzinecchi nel Bolognese l'anno varcato, per mia mala sòrte avvenne che quasi tutte le case della mia commenda e le possessioni sue furono arse e guaste e ruinate da quella mala nuvola che passò appunto per lo mezzo di tutte loro. Onde se io ho voluto che quelle possessioni si lavorino questo anno, ho convenuto e riedificar più case di lavoratori, e comperar loro e bovi e cavalli in luogo de' perduti, e ristorar le altre loro perdite; nelle quali cose ho speso tanto che non ardisco a dirlo. E tuttavia le possessioni, gli alberi e le viti (delle quali sono state dallo esercito tagliate per aver fuoco in quelli tempi della vernata), non potranno se non con tempo di molti anni ritornar nel loro stato, e render quello che per addietro soleano. Per queste cagioni io non ho potuto di quello della Religione soddisfare al mio debito così a pieno, come era e sarà sempre il desiderio mio. Delle altre mie rendite anco non ho potuto ciò fare, perciocchè per conto delle gravezze della guerra m'è bisognato pagare alla mia patria più che tutta la rendita dell'anno passato, e stimasi, anzi si crede certissimo, che v'andrà anco quella del presente; se pure questo nuovo esercito di Germani che ora di dì in dì s'aspetta a danni di queste contrade, non ci torrà molto più che le rendite d'uno anno solo. A questa condizione essendo io stato da ogni canto tribolato, e tuttavia trovandomi più che mai, spero da V. S. meritar pietà non che perdono, se io non ho più operato a suo beneficio di quello che fatto ho a questo ultimo Capitolo, a nome suo celebrato nella patria mia, promettendole che come io respirar possa e questi durissimi tempi passino, non mancherò di farle conoscere che io sono e buono e divoto servo della Religione, e suo. A cui baccio la mano e nella

sua buona grazia riverentemente mi raccomando.

Al terzo dì di Maggio 1528. Di Padova.

A M. Bernardin da Porto. — A Vicenza.

Poichè così hanno voluto le nimiche
stelle che a questa mala stagion signoreggia-
no, che messer Luigi vostro fratello non si sia
potuto difender da quella malvagia febbre
che a questi giorni così impetuosamente l'as-
salì, ma ci abbia lasciati soli e sconsolati con
la sua partita, io non vi consolerò già, messer
Bernardin mio, di tanta e sì gran perdita
che avete fatta d'un così valoroso e così amorevole fratello che solo avevate; perocchè anco io ho bisogno di conforto, forse, dopo voi
più che alcun altro che viva: perciocchè a
nessuno do vanto, da voi in fuori, che più a-
mato l'abbia di me, e trovomi di questo non
aspettato accidente sì mal contento che io
non me ne so dar pace; nè ho preso questa
penna in mano per altro che per partir con
voi l'acerbo ed infinito dolor mio. Ho avuto
questo anno molte cagioni di dolermi per le
morti di molti miei amici che la comune influenza di queste maligne febbri n'ha tolti, ma nessuna m'ha trafitto l'anima più di
questa; a nessuna ho saputo men dare alcun
riparo. La qual cosa se a me avviene, nè posso fare altramente, che è da credere che deb-
biate far voi? Stimo adunque che pochi altri
siano vivi in più grave acerbità d'affanno di
noi due. Comechè più sano pensiero sarebbe
che noi ci accordassimo col voler del Cielo, e

sempre onorando con perpetua memoria il nome di lui, ci sforzassimo di quetar le lagrime che nulla giovar possono: a che fare vi conforto, e fo pur quello che io dissi di non voler fare; ma io il fo debolmente, chè non ho parole da ciò. Forse voi con la vostra prudenza farete questo che non so fare io, e vi conforterete da voi stesso, e preverrete col consiglio il tempo, che pur suole alleggerir tutte le doglie. Io a voi profero tutto quello amore che io ho a vostro fratello portato, e vi prego che in ristoro di questo mio affanno usiate per lo innanzi me e la mia casa in quella guisa che faceva egli. E così mi parrà avere avuta minor perdita. State sano.

A' 14 di Maggio 1529. Di Padova.

A M. GIOVAMBATISTA RANNUSIO.
A VINEGIA.

Io non ho mai dubitato, vedute le altre vostre lettere che m'avvisarono della infermità del nostro messer Andrea (*Navagero*), che io non avessi d'ora in ora ad aver da voi queste altre che m'apportassero la novella della morte; e ciò per la causa che io allora vi scrissi, che esso era troppo eccellente uomo da dover vivere a questi così miseri e nimici tempi. E però non m'avete accresciuto infinito dolore con esse; chè il dolore infinito ho dappoi sempre sentito ogni dì e ogni ora ed ogni momento. O fortuna, come sei ben rea e crudele e spaventevole, la quale sì improvvisamente n'hai tolto quel così chiaro, così fecondo, così vivo e raro ingegno, e così fuor di stagione, non solo a sè, chè ora incominciava a pigliar delle sue fatiche alcun frutto, ma ancora alla sua casa, a' suoi amici, e sopra tutto alla sua e nostra Patria, la qual non mi maraviglio se se ne duole quanto dite, perciò che molti anni sono, e forse molti secoli, che essa perduto non ha il più utile ed onorato cittadin suo di lui. O fallace mondo, chi ti crederà più, e chi di te si fiderà giammai! Ma non voglio accrescere il vostro dolore con le mie lamentanze. E più voglia ho di piagnere che di scriver lunga querela. Datevene pace, se potete, ed apparate con questo tanto e sì repentino danno vostro a sprezzare ogni cosa ed a temer nulla. Vorrei scrivere a messer Bartolommeo e dolermi con lui di ciò, ma non ho tanto animo, e la penna medesima rifugge questo ufficio. Se vorrete pigliar voi fatica di pagar con Sua Signoria a mio nome questo obbligo, me ne farete grazia; anzi vi prego a farlo. State sano, chè doloroso so che sete assai.

A' 18 di Maggio 1529. Di Padova.

A M. BERNARDO TASSO

SECRETARIO DELLA DUCHESSA DI FERRARA.

Ho veduti gli otto Sonetti che mandati mi avete, volentieri, e sonomi piaciuti molto. E perchè mi pregate e strignete assai cortesemente che io ve ne dica il parer mio, crederei essere indegno dell'amor mi portate, se io di ciò liberamente non vi piacessi; così vi mando in questo foglio alcuni pochi avvertimenti. Voi vi penserete sopra e rassetterete

meglio quelle parti le quali vi parrà che
bisogno n'abbiano, di quello che ho fatto io, che non v'ho posto se non poca ora.
Quanto al maestro Pellegrino Moretto che
ha segnate le mie Prose con le parole ingiu-
riose che mi scrivete, potrete dirgli che egli
s'inganna; perciocchè se ad esso pare che io
abbia furato il Fortunio, perciocchè io dico
alcune poche cose che egli avea prima dette,
egli nel vero non è così. Anzi le ha egli a me
furate con le proprie parole con le quali io
le avea scritte in un mio libretto (forse prima che egli sapesse ben parlare, non che male scrivere) che egli vide ed ebbe in mano
sua molti giorni. Il qual libro io mi profero
di mostrargli ogni volta che egli voglia, e conoscerà se io merito esser da lui segnato e
lacerato in quella guisa. Oltre a ciò io potrò
farlo parlar con persone grandi e degnissime
di fede che hanno da me apparate e udite tutte
quelle cose, delle quali costui può ragionare,
di molti e molt'anni innanzi che Fortunio
si mettesse ad insegnare altrui quello che egli
non sapea. Questa è la vendetta che io voglio
che facciate per me. Del rimanente, s'egli
sarà di buon giudicio egli si rimarrà di col-
parmi a torto; se sarà di falso, questo solo fie
a lui giusta pena del suo peccato. Piacemi
che siate con questa Duchessa in buono e
quieto stato ed onorevole, e di ciò mi rallegro
con voi. Le profferte che mi fate userei io o-
gni volta che uopo me ne venisse. N. Signor
Dio sia vostra guardia. State sano.

A' 27 Maggio 1529. *Di Villa.*

AL MEDESIMO.

Se voi m' avete fatto piagnere di dolore questi passati giorni, scrivendomi lagrimevoli novelle per la morte del nostro mess. Andrea Navagero, sì m'avete voi ora rallegrato con le vostre liete e festose lettere, scrittemi dell'onerato successo e vittoria del nostro Fausto, e della sua a questo secolo nuova galea di cinque remi, avuta in contesa pubblica con quella degli tre, in presenza del Serenissimo Principe e del Senato, e in fine della città tutta; le quali io ieri a notte ricevei. Che, comeché tutte le parti delle dette vostre lettere m' abbiano apportato ciascuna per sè gioia e diletto grande (chè sono state da voi con bello ordine e con ornata diligenza scritte), pure quando io, letta quella parte dove dite, le due galee esser venute quasi per insino alla presenza del Principe di pari corso, ed alle volte la Trereme aver passata la Cinquereme d'alcun poco spazio, lessi poi quell'altra che segue, dove narrate che il Fausto, messosi per lo mezzo della galea, inanimava i suoi galeotti a mostrare la loro virtù; e che egli allora in un punto passò la Trereme, non altramente che se ella fosse stata uno scoglio, con tanta velocità che parve a ciascuno cosa maravigliosa, io non potei tener la voce dalla dolcezza che mi recò quella: la qual dolcezza poi più abbondevolmente ancora mi si raddoppiò nell'animo, quando io poco dappoi lessi, che il Principe (il quale dubitava che 'l Fausto perdesse) vedendo quel fine, non ritenne le lagrime dalla molta gioia ch'egli ne

Bembo. 9

sentì. E certo che io di nulla vi piaggio nè adorno il vero, ma dicolo puramente e semplicemente; e se io vi giurassi che rileggendo io poi stamane un' altra volta le vostre lettere, ancora una seconda volta io risi e gioii senza fine, giurerei per la verità. Oh messer Vittore mio (e veramente ora e Vittore e Fausto e Fortunato e Felice) quanto è quello di che vi dovete giustamente rallegrare voi, quando un tanto e un tal signore, e così attempato e grave, pianse di tenerezza della sua letizia, vedendo la vostra vittoria? E gli amici vostri, della medesima cagione inteneriti, gioiscono leggendola e rileggendola.

Io non vi voglio raccontare ora quanto piacere io abbia preso del grande spettacolo che ha il Fausto avuto all'onor suo; dell' apparecchio fatto pubblicamente a tutto 'l Senato nell'uno delli due castelli che chiudono il nostro porto, dov'egli sedea sotto l'ombra di molti arazzi e tende, il mare e le galee mirando e prospettando; delle mille vele che si vedeano per lo mare correre d'ogni intorno; delle barchette senza numero che copriano in maniera tutto lo spazio di quella entrata, che per poco si sarebbe potuto, d'una in altra passeggiando, andare dall'uno castello all'altro senza bagnarsi; del bello rinfrescamento che diede quel dì la magnificenza del Prencipe a tutto il popolo, e della festa e onorato raccoglimento che S. Serenità fece al Fausto, a sè chiamandolo, e seguentemente quasi tutti i signori e senatori che con lui erano; che nol potrei con brevi parole esprimere, nè in poco foglio far capire. Ma voglio solamente

dir questo, che il nostro Fausto ha ora dato
più certa e bella esperienza del suo valore e
della sua virtù, e più illustre quanto più egli
ha incontro a sè avuto la invidia di molti; e
gli avversarii suoi, siccome mi scrivea, sono
stati uomini di maggiore autorità e credito.
Piacquemi ancor molto e la liberalità ch'egli
usò al concorrente suo che la Trereme gui-
dava, del vantaggio di due galee nel muovere
e nel dar de' remi in acqua che colui mali-
ziosamente volle pigliare; e insieme l'artificio ch'egli ebbe in non faticare i suoi galeotti
nelle altre parti del corso, anzi conceder che
la Trereme gli andasse di pari, ed alle volte
un poco innanzi, per pascerlo di vana speranza, riserbandosi a chiedere a' suoi tutta la
lor forza nel bisogno, quando essi s'avvicina-
vano al termine, ed al cospetto dei giudici;
nel qual cospetto ciascuno di loro stessi, a suo
potere adoperandola, fecero la vittoria di lui
più lieta e maggiore e più chiara. Ma io non
avea inteso tante circostanze di questa vittoria per le lettere di messer Gio. Matteo mio
nipote, che me ne diè l'altr'ieri sommaria
contezza; onde io scrivendo al Fausto me ne
rallegrai seco brevemente, prima che io ricevessi le vostre lettere. Per la qual cosa sarete
ora voi contento, primieramente di rendergli
a nome mio grazie di ciò ch'egli v'abbia pregato a scrivermi questo suo lieto e onorato
accidente, che m'è segno ch'egli conosce quanto l'amo (posciachè egli ha pensato di voler
che per mano vostra io l'intendessi, estimando quello che nel vero è stato, che da nessun
altro io l'avessi potuto così pienamente e così

bene intendere, come ho fatto nella vostra
gentile scrittura), e poi di abbracciarlo più
d'una volta per me, e di nuovo rallegrarvene
con lui, e più abbondevolmente che io fatto
non ho con le mie lettere, acciocchè si paia
che non sapete men bene esprimere e dimo-
strar l'allegrezza degli amici vostri colle parole e cogli occhi e col volto, che con le
carte.

Lodato sia Dio che si doverà pur ora potere agl' ignoranti far credere, che gli uomini
letterati sanno ancora far altro che leggere o
scrivere; posciachè il Fausto, uomo sempre
usato nelle lettere, e alquanti anni addietro
stato, e ora tuttavia essendo professore nella
nostra città delle greche, pubblicamente sa-
lariato da lei, e perciò onorato ed avuto caro,
nè mai avendo messo mano in far galee o
navi o maniera altra di legni, ora ch'egli vi
si è posto, ha fatto per la prima sua opera la
Cinquereme, la quale era già sì fuori non solo della usanza ma ancora della ricordanza
degli uomini, che nessuno era che pur im-
maginar sapesse com' ella si dovesse fare che
ben reggere si potesse. Ed halla fatta di maniera ch'egli non fu mai più di gran lunga
nel nostro arzanà fatta galea nè così bene intesa, nè con sì bella forma ordinata, nè così
utilmente e maestrevolmente fabbricata come questa; ed è pure il nostro arzanà quello
dove si lavora meglio di quest' arte che in altro luogo che si sappia del mondo tutto. Per
la qual cosa dico, che tutti i litterati uomini
gli hanno ad avere un grande obbligo; chè
non si potrà più dire a niun di loro, come

per l'addietro si solea: Va e statti nello scrittoio e nelle tue lettere, quando si ragionerà d'altro che di libri e di calami dove essi sieno. Laonde io per me ne gli rendo di ciò molte grazie, e tanto ancora gliene rendo maggiori, quanto egli non è attempato e vecchio: è molto giovane, e potrà far delle altre belle pruove del suo ingegno e delle altre sperienze assai in onore e favor di quelli che alle lettere si danno e daranno per lo innanzi, siccome io mi fido ch'egli farà. Perciocchè io non dubito che la nostra città, oltre agli altri doni e premii che se gli convengono, non l'abbia a far primo maestro dell'arzanà e delle marineresche fabbrili opere, e artificio tutto: il quale ufficio avendo egli (siccome dite che già si ragiona di voler fare) certo sono ch'egli non si riposerà, nè vorrà dormirsi nella sua Cinquereme, ma investigherà e troverà molte altre vie da giovare alla patria che onorato l'averà. E per avventura, ch'egli le ha già investigate e trovate, e daralle poi fuori ad utilità pubblica tanto più pienamente, quanto più egli sarà bene e onoratamente stato rimunerato di questa prima così nuova e così bella fatica e invenzion sua: chè non è da stimar ora questo secondo ritrovamento della Cinquereme meno essere invenzion del Fausto, che si fosse negli antichi tempi il primo di Nasitone di Salamina. Ma io m'avveggo che la mano non sa por fine a questa lettera, sì perciocchè io con voi ragiono, e sì perchè io ragiono del Fausto, il quale è da me amato quanto merita la sua molta virtù; e tanto più sarà amato sempre quanto si vede che la rea influenza di questi tempi ci ha tolto in pochi mesi molti eletti e singolari spiriti, e ha lui lasciato più solo. Perchè io il conforto a tener cura della sua salute, e voi priego a credere che m' abbiate incredibile piacere dato con le vostre lettere. State sano.

A' 26 di Maggio 1529. Di Villa.

AL MEDESIMO.

Ho veduto nelle vostre lettere il disiderio che mostrato grande v' hanno quegli illustrissimi signori Capi de' Dieci avere, che io scriva la istoria nostra, e insieme l' amorevole esortazion vostra sopra ciò. A che vi rispondo, prima che io ringrazio le loro Signorie che pensato abbiano d' eleggermi a questa impresa, la qual nel vero io stimo la più difficile che abbiano tutti gli studi delle lettere, sì per cagion dello stile, che bisogna aver dotto e puro e molto ricco, e sì per la prudenza, che è fondamento delle buone istorie e non è richiesta tanto per avventura nelle altre scritture. Poi vi dico, che io sono assai rimoto da quella vita e da quelle azion pubbliche che sono in gran parte materia della istoria, e per volontà mia che dato mi sono agli studi, e per lo ecclesiastico che da loro mi separa. Oltra che in tante maniere dello scrivere, alle quali ho alle volte posto mano e dato alcuna opera, mai non ebbi pure un pensieruzzo di volere scrivere istorie. E ancora vi dico, che io sono oggimai molto oltre negli anni e vecchio; e questo carico sarebbe, se non da giovane, almeno di età ancor verde, e non bianca. Conciossiacosachè da scriver sono gli avvenimenti di molti anni, di molte maniere, e molto diversi e molto faticosi prima a doversi raccogliere, e poi a ben ritrarre e dipignere nelle carte, sì che e giovare e dilettar possano: senza che io rimesso mi sono nella quiete che sapete, dalla quale ora tormi senza fallo mi sarebbe e noioso e grave. Perchè vi priego e stringo a pregar le loro Signorie, che mi lascino nei miei usati studi, ed a me più dolci, fornire il rimanente della vita che m'avanza, chè io il riceverò da loro in dono e grazia molta. Tuttavia se elleno questa mia iscusazion non accetteranno e pur vorranno che io pigli a portar questo peso, non mi sento già bastante a negare alla patria mia cosa che ella da me voglia; perciò che io l'amo altrettanto, quanto alcuno di quelli medesimi signori che ciò procurano. Del premio che dite le lor Signorie pensar di darmi, passate le presenti disagevolezze della città, non avviene che elle nè ora vi pensino, nè giammai, perciò che io in guisa niuna l'accetterei, poscia che le mie passate fatiche m'hanno partorito poter vivere dei loro frutti. Della casa in Vinegia, di cui dite che la patria mi comoderà, se io ne avessi alcuna, direi questo medesimo; ora che io non l'ho, dovendone io per questa cagione e venire a Vinegia spesso e starvi assai, non la rifiuterei. Quanto alla esortazion vostra, sicuramente vi posso dire ch'ella m'ha persuaso assai, ed ha rimosso dal mio animo buona parte di quel proponimento che v'è molt'anni

stato di riposo e di quiete, e di non tramet-
termi nelle pubbliche cose. State sano.

A 21 di Giugno 1529. Di Villa.

A M. GIOVAN ANTONIO MILESIO.
A ROMA.

Sono dieci giorni che io ebbi una vostra lettera, che accusava un'altra più lunga
che io non ho ricevuta, con la quale mi dite
che era un'altra lettera di monsignor lo cardinal Cesarino, che mi ricercava che io gli dessi
notizia e fede della qualità di messer Anton
Lomellino, il quale sua Signoria pensava di
pigliar per suo auditore. Ho dimorato finora
il rispondervi, aspettando dette lettere per rispondere ad un'ora a tutte, le quali, perciocchè io penso siano smarrite, poichè hanno
tardato tanto a giungere, non voglio mancar
di dare a voi risposta acciò non aspettiate più
lungamente in vano, e potrà bastare ancora per
sua Signoria. Dicovi adunque che questo messer Antonio è d'assai grato e gentile aspetto,
ed è ben dotto e ben fondato nella sua professione, che sono le leggi, ed halle molte in pronto ed a sua ubbidienza, ed anco ne scrive
suoi giudicj e suoi trovamenti sopra. Poi è
tanto costumato e riposato, e sopra tutto tanto
scorto e tanto prudente che io lo stimo atto
ad ogni grande e bella e difficile impresa, e
puossi dormir con gli occhi sicuri nelle cose
che egli a fare ha; chè pochi altri a'miei dì ho
conosciuti che così pensino sopra una materia
tutto quello che vi si può pensare come fa
egli, e che così bene giudichi e deliberi ed

eseguisca; non punto iracondo, non punto rotto, ma tutto temperato e sedato e grave, e mostra, congiunta con un grande ingegno, che egli ha una gran giustizia e bontà ed animo incorruttibile, sollecitissimo oltre a ciò e laboriosissimo. Questo è quello che io di costui conosco per la sperienza che io ne ho, chè ne ho presa molta e molte volte in cose difficili che gli sono passate per mano nel reggimento di questo padovano Studio; il quale ufficio non porta seco poca malagevolezza a volerlo ben fornire; ed hallo costui fornito sì bene che sono cinquanta anni che non v'è stato il più lodato Rettore di lui. Dogliomi aver fatto perdita della lettera del predetto monsignor Cesarino, del qual signore sono antico servo; sarete contento voi farne con sua Signoria mia scusa, e basciarle la mano per me, a cui disidero molta felicità. A voi mi raccomando, e vi ricordo che non mando a dimenticanza i molti e molto amorevoli uficii fatti da voi per le cose mie molte volte; anzi gli servo nel petto, e serverò sempre, desiderando che voi mi spendiate senza risparmio dove io sia buono a servirvi. La contezza che mi date della vostra Religione che si ricovererà a Malta, io avea già intesa, nè mi parea cosa da rallegrarmene molto. Increscemi che arò perdute quelle altre più lunghe novelle che dite mi davate nelle prime lettere. Pazienza. State sano.

A 22 di Giugno 1529. Di Villa nel Padovano.

AL CONTE AGOSTIN LANDO.
A PIACENZA.

Alla vostra de' 24 di dicembre risponderò poche righe, signor Conte, come figliuol mio caro. Vi ringrazio del cacio mandatomi: sete troppo cortese. Quanto al consiglio che mi dimandate, se dovete pigliar moglie, al che fare sete astretto da' vostri, vi dico che non potete far meglio che rimettervi al volere di madonna vostra madre, la quale per la sua molta prudenza vi consiglierà quello che sarà il ben vostro, e per l'amore che ella vi porta dee da voi meritar questo, che più che a veruno altro le crediate. Piacemi se arete, come sperate, maritata madonna Caterina vostra sorella, e di ciò mi rallegrerò al pari di voi. L'amor vostro verso me, che mi dimostrate in ogni parte delle vostre lettere, comechè a me non sia nuovo m'è nondimeno sempre caro. Intendo messer Francesco vostro maestro esser mal contento siccome poco estimato ed onorato da voi. Di grazia, Conte mio caro, non fate che si possa mai dire che chi molto verisimilmente ha maritato con voi, per lo avervi cresciuto da bambino infino a questa età e servito sempre, ora che sete e grande e signore di molta ricchezza, non sia da voi riconosciuto con quella pietà che si conviene a sì paterno e sì lungo ufficio e studio. Parlo così per lo grande amore che io vi porto. Ebbi le vostre lettere da Vinegia. Sono stato qui alcuni giorni, e penso di partirmi di brieve. Increbbemi non v'aver trovato monsignor l'arcivescovo vostro zio. Raccomandatemi a madonna vostra madre, e salutatemi madonna Caterina; e state sano.

A' 14 di Gennaio 1530. Di Bologna.

A Madonna Vittoria Colonna
MARCHESA DI PESCARA.
A Napoli.

Da messer Flaminio Tomarozzo V. Sign. intenderà un bisogno che io ho del favor vostro. Priegovi e per l'antica divozion mia verso voi e per la molta virtù vostra ad esser contenta di donarlomi, chè io giugnerò questo obbligo agli altri che io con voi ho insino dalla felice memoria di papa Lione in quà; i quali non m'usciron nè usciranno già mai dell'animo. Il detto messer Flaminio vi potrà dire quanto io mi sia rallegrato col nostro secolo, avendo veduto a questi giorni qui molti Sonetti vostri fatti per la morte del signor Marchese vostro marito; il qual secolo siccome tra gli uomini ha lui avuto nelle arme eguale alla virtù degli antichi più lodati e più chiari, così ha voi che tra le donne, in quest'arte, sete assai più eccellente che non pare possibile che al vostro sesso si conceda dalla natura. Di che ho preso infinito piacere con molta maraviglia mescolato, siccome buono e devoto servo che io vi sono. A cui bascio la mano.

Ai 20 di Gennaio 1530. Di Bologna.

A M. VETTOR SORANZO.
A BOLOGNA.

Io sono in villa, e sonoci stato tre giorni con molto piacer mio per la qualità della stagione, che a questi dì non pare sia più stata, di ricordo di persona, così bella come ora va, chè oltra le vie rasciutte e il ciel sereno e la tiepidezza dell'aria, cose tutte fuori dell'usato, si veggono gli alberi oggimai verdi e pieni di foglie quasi tutti fare a noi ombra e schermo incontro al sole, già caldo e non ancor salito in ver la tramontana più che si sia. E ieri, che fu il dì della Vergine, feci cogliere nel giardino alquanti amandolini grandi più che per la metà di quello che compiute venir possono, ed alquante fragole ben mature e ben grosse. Il che in questo piano è stato cosa nuova; nè credo io che il monte d'Arquato, che sapete che è quelli dal quale vengono i frutti primaticci molto prima che d'altra parte di queste contrade, n'abbia alcuno ancora mandato in città. Ed è in questo d'intorno avvenuto, che non usandosi per li contadini più sollecitudine e più studio nel podar delle viti che essi negli altri anni far sogliono, poco meno che la metà di loro hanno fuori mandato non solamente gli occhi, ma ancora i lor pampini, prima che ad esse sia la falce del podator pervenuta; e così o fronzute si tagliano, o rimangono non purgate. Le rondini ci sono già buoni dì, ed èssi udito la tortora, il luscignuolo ed il cuculo. Stimo che andando la corte verso Roma; come oggi ho avuto lettere che ella dee fare (e per avventura che già vi siete posti in cammino), voi vi troverete a questa Pasqua la state, di che io non v'arò già invidia. Ma lasciando questo da parte, di messer Trifone niente vi posso io dire chè riveduto non l'ho: solo so che egli è a Tergolino. Se non avete ancor da N. S. impetrata licenza di mandarmi quel consenso, vi priego a supplicar Sua Santità che la vi dia; la quale avuta, lo darete ben chiuso e ben sigillato in una vostra lettera a madonna Giulia, commettendole che lo tenga per insino a tanto che io manderò a pigliarlo. Di quelle mie scritture che messer Troiano ha nelle mani altro non dirò avendogli io a questi di scritto. Basciate il santissimo piè di N. S. a nome mio, e state sano.

A' 26 di Marzo 1530. *Di Villa Bozza.*

A M. GIOVANNI ANTONIO VENIERO.

A VINEGIA.

Quanto io mi son doluto questi anni addietro, che ho veduto la nostra patria onorar poco la molto e singolar virtù vostra, tanto ora mi sono state liete e care le due nuove elezion fatte dal Senato nella persona vostra, l'una al Magistrato dei Savj di Terra ferma e l'altra alla Legazione di Francia. E veggo che uno illustre ed eccellente ingegno, se pure è alcun tempo tenuto basso nella nostra città, alla fine poi, vinta e superata la invidia, egli è onorato da lei e innalzato, malgrado dei maligni e degl'ingiusti. Onde il più delle volte suole avvenire, che la patria medesima, avvedutasi dell'error suo, tanto più se gli mostra per lo innanzi liberale e grata, moltiplicandogli le dignità, quanto ella gli è più dura stata e più ritrosa per lo addietro. Rallegromi adunque con voi di tutto 'l cuor mio di questo doppio accrescimento del vostro grado con la patria nostra, e promettovi che buon tempo fa che io non ho udito novella più a me cara di questa; la qual novella tanto più ancora m'è cara e dolce stata, quanto ho veduto il nostro messer Giovan Matteo, che ora è qui, quasi non capere in se stesso dall'allegrezza. Pregherò il Cielo che avventuri l'uno e l'altro di questi onori a V. S. siccome voi stesso disiderate, e dopo questi ve ne apparecchi tanti degli altri e tali, quanti e quali alla vostra gran bontà e rara virtù si convengono. State sano.

A' 4 d'Aprile 1530. *Di Padova.*

A PAPA CLEMENTE
IN VIA TORNANDO DA BOLOGNA
A ROMA.

Mentre Vostra Santità è stata questi passati giorni nel teatro del mondo, tra tanti signori e tanti grandi uomini quanti da niun che oggi viva non sono stati insieme veduti altra fiata, ed ha posto in capo a Carlo il V la ricca e bella ed onorata corona dello 'mperio, io mi son stato nella mia villetta; della quale ragionai a Vostra Santità in una queta ed a me cara e dolce solitudine: dove ho trovato

sopra l'usanza degli altri anni la terra per la
lunga serenità di questi tracorsi mesi, e per
la tostana tiepidezza dell'aria già tutta verde,
e gli alberi fronzuti e le viti per la maggior
parte avere ingannato i contadini, prima piene di pampini che podate. Nè a me si ricorda giammai avervi veduto la più bella stagione di questo tempo; nel quale non solamente le rondini, ma ancora gli altri uccelli
che il verno con noi non soggiornano, ma ci
ritornano di primavera, facevano risonar co'
loro accenti il nuovo e chiaro e più assai dell'usato caldo e lieto cielo. La qual cosa mi ha
fatto men portare invidia alle feste di Bologna, ed a' molti gentili uomini della mia città, che io qui tornando incontrai per via, tutti rossi ed affannati per lo corso nel quale
s'eran posti per giugnere a vederle più tosto.
Ma lasciando questo da parte, oltre i piaceri che io ho della mia villetta presi; ed
vi ho io ancora intesa la qualità di quelle
medesime feste; il che avere udito in vece d'averle vedute mi gioverà, rimettendomi poi alla immagine e sembianza di loro, che col suo dotto e leggiadro stile ci
ritrarrà nelle sue istorie il nostro monsignor
Giovio. Ho dappoi oltre a ciò preso piacere della partita di Vostra Santità per Roma. Nostro Signor Die ve la conduca sana e
allegra. Scrissi a Vostra Santità come Valerio
desiderava una somiglianza del volto di lei,
per iscolpirle ne' cristalli della cassetta che
egli le fa, e torno da sua parte a ripregarinela. Ogni cosa che abbia la vostra immagine,
e carta o moneta o altro, gli basterà; dunque

ella nel contenti, chè certo egli è per fare
belle cose in questa opera. Io mi rendo certissimo che non bisogni; pure come che sia
raccomando umilmente a Vostra Santità la
spedizione della supplicazion mia che rimase
in mano al Datario, e la fo certa che tutto
quello che ella a me donera, sie donato a suo
buono e fedele e ricordevole servo. Bascio il
piè santo vostro, Padre beatissimo e clementissimo.

A' 7 d'Aprile 1530. Di Padova.

AL GENERALE DI S. AGOSTINO.

A VINEGIA.

Tornato ieri a Padova di Villa nuova,
dove sono stato molti dì piuttosto necessariamente che volentieri, ho avuto le dolci e care lettere di V. S. con la prima parte delle
quali ella punge così un poco il mio troppo
lungo silenzio con lei, certo ragionevolmente; e voglio innanzi tratto piuttosto confessare il mio errore, e chiedervene perdono,
che scusarmene. Comechè io non sia stato,
dappoi che io non v' ho scritto in qua, in
quel mio ozio che voi sempiterno chiamate,
perciocchè ho preso cura e fatica di difender
le ragioni della detta mia Badia da quelli che
la occupano già molti anni; e sono ito a Verona a questo fine e dimoratevi alcun giorno.
La qual cosa fare, e poter tenere in istato le
cose della sua chiesa, quanto soglia essere a
ciascun malagevole in questo nostro ardito e

scapestrato secolo, e di quanti affanni e pensieri pieno, nessuno meglio di voi lo sa, che andaste a Bologna questa vernata per somigliante cagione, e dimorastevi alquante settimane, non solo assai turbato ma ancora grandemente tribolato, di maniera che bisognava che io, che altresì v'era per mie bisogne, talora vi confortassi: e solete eziandio aver di queste noie per lo vostro grande e riverendo ufficio tutto il giorno. Oltra che volendo io imitarvi, quanto per me si può, sapendo io che voi sete in faccenda per la restaurazion del vostro monistero di Vinegia, che arse, e tutto dì vi girate tra marmi e pietre e architetti e muratori, ho ancora io dato principio, ora che veduto ho la Lombardia essere in pace, a ristorar le ruine di quel mio luogo, e a riporvi l'albergo che arse, per levarlo della Badìa, che è stata albergo tutti questi anni guerreggiosi e lagrimevoli passati; e ho tenuto mercato con legnaiuoli e mattonieri e maestri di case, e spesovi più danari che io non avea, e fatto simili cose lontane dall'ozio e dalla quiete anco io. Quantunque in questa parte dello avere io speso più denari che io avuti non ho, non credo avere imitato voi, saggio e prudente e temperato in tutte le azioni vostre più che uomo che io conoscessi giammai. Taccio qualche altra occupazione di più momento ancora che non son queste, che m'ha tenuto assai sospeso tutto questo tempo, ed è di quelle che io in Bologna trattai, ben conte a V. S. che s'è spedita solo a questi dì, e tuttavia non di maniera che non mi resti ancora certo

Bembo.   10

intralciamento da stralciare che non mi piace. E ho ciò detto per mostrarvi che io non sono stato questo tempo in ozio, come avete creduto; e non per iscusarmi, quando nessuna occupazion mi dee valer con voi nè voglio che mi vaglia: chè quanto appartiene al rispetto della mia grandezza, Dio volesse che io fossi così grande che io potessi ragionevolmente non far tanta stima di voi quanta io fo, e sentissimi sì buono e sì savio (chè delle altre grandezze non fo caso) che io giustamente mi dovessi credere maggior di voi, chè volentieri motteggierei con voi, come voi motteggiate meco, e starei più in sul vantaggio del qual ragionate, che io non fo. Ma lasciando questo da parte: le lode che voi date alle mie rime da voi nuovamente lette in tre giorni, come dite, mi sono tanto più care che quelle che dagli altri uomini sento darmi, quanto so che elle con infinito e giudicio e amore date mi sono. Se pure l'infinito amore non fa in voi quello che egli suol fare nelle più genti: il che se è parimente in voi, e perciò il vostro giudicio non è libero e puro, non per questo disidererò io che voi m'amiate meno, chè nè arei poscia due perdite. Ed io son pur contento d'averne due guadagni, dico di sentirvi di me e grande amatore e gran lodatore; dell'uno mi goderò, come godo, nell'altro mi gioverà d'essere ingannato da voi, già di prima ingannato dall'amore che mi portate. Ma come che sia, il giudicio vostro m'è soprammodo caro, e terrò le dette mie rime da più che io non le tenea, poscia che voi le tenete da tanto; nè mi pentirò d'averle lasciate uscir fuori. E per avventura penserò di farne delle altre ora che son tornato a nascondermi nella mia Villetta, nella quale non ho prima posto il piè, che ho preso questa penna in mano per rispondervi. State sano.

A' 20 di Maggio di natal mio, 1530 e ho fornito la buona mercè del Signore Dio il sessantesimo anno della mia vita.

AL PROTONOTARIO DE' ROSSI.
A ROMA.

Ho avuto dal nostro Belino, e con molta soddisfazion mia letto il bello Sonetto vostro, scrittomi insieme con le poche righe della vostra lettera. Di che tanto vi ringrazio quanto si conviene e alla abbondanza dell'amore che mi portate, e al molto onore che mi fate con le vostre onoratissime e vaghe rime. Quantunque più caro ancora che tutto ciò, m'è stato il veder voi aver fatto tanto e sì bel profitto nella poesia; del quale con voi mi rallegro, e veggo che andate per via di farvi anco da questa parte grandemente chiaro ed illustre. Ringraziovi sopra tutto della memoria che serbate dell'affezion mia verso voi, che mai non è per diminuire per cagione alcuna: bene crescerà ella più tosto, se può tuttavia crescere cosa condotta all'ultima sua perfezione e grandezza. Il che mi dà baldanza di raccomandarvi la bisogna del nostro buono e gentile e cortese e da me niente meno di fratello amato messer Carlo Gualterussi da Fano, il quale riposa in ciò tutto sopra la osservanza che egli a voi porta e sopra la vostra bontà e fede. Dolcissimo mi sarà e sopra ogni altra cosa caro che voi gli mostriate in questa sua cosa e desiderio, quanto io possa con voi; aggiugnendo alla vostra primiera volontà verso lui tutto quel più che vi pare che io con voi poter debba, e niente meno. Non vi maravigliate se io parlo in questa materia così ardentemente con voi, perciocchè io vi fo intendere le obbligazioni che io a messer Carlo ho essere tante e tali che non posso in questa mia raccomandazione così diligente essere nè così caldo che egli non meriti che io molto più sia. Nè potrò giammai in alcuna sua bisogna così affezionatamente operarmi, come egli in tutte le mie si travaglia sempre; e tuttavia più d' una n' ha egli nelle mani che di grande mia importanza e di non picciola sua cura sono. Abbraccio e bacio vostra Signoria sin di qua. State sano. *A 14 di Giugno 1530. Di Villa.*

Al Generale di S. Agostino.
A Vinegia.

Non bastavano i due alberelli di limoncini confetti che Vostra Signoria m' avea questi dì mandati per messer Francesco Belino, così dilicati e così cari, che ancora me n'avete voluto mandare un altro di zucchero rosato finissimo e preziosissimo; forse acciocchè io m'avvegga quanto errore sia il mio, che a voi nulla dono, quando voi di donare a me non fate pausa, non che fine alcuno giammai. E pur dovevate sapere, che io potea

avere ancora buona parte di quegli altri
che mi donaste or fa l'anno, siccome io ho,
chè gli ho poco men che intieri e tutti. Ma come ciò sia, e per qualunque cagione, io ve
ne rendo tante più grazie che non sogliono
esser le generali e usate, quanto più i vostri
doni ogni dilicatezza degli altri doni trapas-
sano, e quanto il vostro animo in ciò meno
a termine niuno sia contento. Piácemi che
la grande e bella fabbrica del vostro monistero, che incominciata avete, vada innanzi
non solo come voi m'accennate, ma ancora
com'ha detto il Belino, molto superbamente
e splendidamente: alla quale non bisognava
men perito e diligente e animoso architetto
di voi. Nè dubito io già, che ella a fermare e
a sostener s'abbia per diffalta di moneta, come dite, la quale ai grandi e generosi animi
non suole mancare; ma bene incomincio a
spaventarmi, che se la sacristia volle da me
una epistola, il monistero che vorrà? Non
basteranno i libri interi, ed io sono impigri-
to non solo dagli anni, ma ancora dallo ac-
corgermi che voi vi prendete giuoco di me,
mostrando che vi piacciano tutte le mie cian-
ce. E credo, che io penserò che V. S. faccia
per sè ella stessa; chè poscia che io ho veduto che sapete far sonetti, potrete voi meglio e più acconciamente che veruno altro
lodare in rima la vostra fabbrica medesima,
e quelle belle e alte e capevoli loggie e co-
lonnati insieme, con altre parti del vostro così
bene ordinato casamento e così magno. E imi-
terete Cicerone, che in verso eroico scrisse
del suo consolato, e lodossi egli stesso. Voi

ridete ? Ma io dico da dovero, e non vi varrà più alcuna scusa meco. Ma lasciàndo da canto questa parte, io attenderò ad ubbidirvi in istarmi lieto più che io potrò. La qual cosa potrei meglio fare se io alle volte potessi esser con voi, i savii e amorevoli ragionamenti del quale mi gioverebbono vie più che ora non fanno le ombre e gli oreggi del mio fresco fiumicello in questi grandissimi caldi. Bascio le mani di vostra Signoria e nella sua buona grazia riverentemente mi raccomando.

A' 20 *di Giugno* 1530. *Di Villa.*

AL MEDESIMO.

Adunque io sarò sempre astretto, per bella paura di voi, a lodar quali che elle siano le vostre architetture? Che siccome io lodai gli anni passati quella vostra sproporzionata sacristia, per ischifare in quel modo il vostro dir male di me, e ve ne ritraeste vedendo che io lodava voi e le vostre cose, così ora mi farà mestiero, se io non vorrò esser da voi mal trattato, lodare ancora quest' altra fabbrica eziandio prima che io la vegga e sappia se ella merita esser lodata o biasmata. Per certo dura condizione è la mia ! Non so ora che Sansone o che Filistei sian quelli che voi allegate. Sansone a me pare che siate voi, che fate impaurir ciascuno con la vostra arte, che molto forte e gagliardo non mi parete già in altro che nella lingua e nello inchiostro. Questo dico perciò che scrivendo io questi dì a monsignor reverendissimo Egidio, ho a Sua Signoria lodata l' opera che ora fate di rincalzar quelle poche mura cadute del vostro monistero, mostrandole che quello ripezzamento sia cosa molto grande e bella, e, come dissi, non l'ho ancor veduto. Ma sia che può, forse troverò io un dì alcun modo di valermi contra voi, e qualche Dalida mi scoprirà i secreti vostri. Questo basti per giuoco. Quella voce *Xenobium* nella inscrizione non è ben propria: sarebbe più se voi parlaste solamente della *Foresterìa*; e poi che ce n'è una latina, che è bellissima e propria, che volete voi andar cercando le greche? l'altra voce *fortuito* è soverchia. Oltre a ciò non mi piace quella pompa di dire, *Patriae ornamento.* Perciocchè assai si vede per sè se quello di che si legge è ornamento alla patria o non è. Nè gli antichi usarono il così dire. Piacerammi adunque così:

Gabriel Venetus Augustinianorum Eremitarum Magister domum sociorum incendio absumptam, patriae familiaeque suae a fundamentis restituit. E fuggirassi la riprensione e dirassi quello stesso. Anco quell'altra voce *Generalis* è soverchia, quando la sola *Magister* importa, e vale quello stesso. Nella buona grazia di Vostra Signorìa riverentemente mi raccomando, La quale ubbidisco ed ubbidirò sempre.

A' 6 di Luglio 1530. *Di Villa.*

A M. Giulio Porcellaga.
A Brescia (1).

Ho con molto piacer mio lette le vostre lettere, onorato messer Giulio e gentile, per le quali mi date contezza della nuova compagnia che s'è costì fatta nella città, di molti giovani che si danno alla volgar lingua, e si ragionano insieme tutti i dì delle feste a comune utilità e diletto; dove il nostro messer Emilio legge loro il Petrarca, e anco le mie Prose che della lingua ragionano. E di vero che io sento molta contentezza e grandemente mi rallegro, udendo che gl'Italiani pongono cura di saper ben parlare con la favella nella quale essi nascono, e di bene intendere le buone volgari scritture, e massimamente il Petrarca capo e maestro della volgar poesia: la qual cosa farà che anco essi ne comporranno e sapranno ciò fare correttamente; e così si arricchirà questa lingua che ancora è povera di buoni e illustri rimatori e prosatori a comperazion della latina e della greca, che ne sono così ricche e così abbondanti. E tanto ancor più mi è dolce e caro udir questo della vostra cittadinanza, quanto ella, per la

---

(1) Pubblicò questa Lettera l'ab. Iacopo Morelli nell'Opera: *Monumenti Veneziani di varia letteratura* ec. Venezia, 1796, in 4.to, dove altre tre Lettere del Bembo si leggono. Quell'Emilio che all'adunanza Bresciana leggeva il Petrarca, è Emilio degli Emilii volgarizzatore dell'Enchiridio di Erasmo stampato in Brescia nel 1531, ed autore di alcune Rime che stanno fra quelle de' Bresciani raccolte dal Ruscelli.

qualità della sua favella, potea per avventura
parere a molti più lontana dover essere da
questa cura e da questo pensiero che buona
parte delle altre non sono ; e ciò farà la vostra loda e il vostro merito assai ancora maggiore. Dunque, posciachè avete così bel principio a così bella opera dato, come mi scrivete, seguasi per voi tutti animosamente di bene in meglio continuandola, sempre avanzan-
do ciascun se stesso, siccome far sogliono i
gentili e alti e bene avventurati spiriti ; perciocchè in così fatta maniera camminando
ad onorato e desiderato fine si perviene di fama e di gloria sempiterna. Salutarete messer
Emilio a nome mio, e insieme tutta quella
nobile e virtuosa compagnia, ringraziandola
dell' affezion che dite che ella mi porta, e a
lei proferendomi. State sano.

    A' 6 di Luglio 1536. *Di Villa.*

A M. PAOLO GIOVIO VESCOVO DI NOCERA.
A ROMA.

Io mi stava nel letto malato d' una gra-
vissima febbre con molto mio travaglio, e con
pensiero che quello avesse ad essere il fine
della mia vita, quando mi vennero le vostre
lettere, per le quali mi mandavate quelle che
la marchesa di Pescara v' avea scritte, col suo
giudicio delle mie rime e con quelle altre
molto dolci parole e piene di cortesia che
ella aggiunte v' ha sopra il giudicio. Ciò fu
d' intorno agli ultimi dì del luglio varcato.
Le quali lettere io mi feci leggere, ed ascoltai

con maraviglioso piacer mio, chè perciocchè v'è in esse una parte dove ella dice di me così: *scriva pure egli, e creda che Dio gli darà molti altri anni di vita,* preso per me da quelle parole buono augurio, parendomi che venute a quel tempo non potessero esser se non veraci e quasi dal Cielo mandatemi per sua mano, cominciai a riconfortarmi di maniera che da quella ora innanzi stetti sempre di migliore animo, ed il male prese buona via, chè s'andò rallentando e rimettendo; il qual male infino a quel dì sempre s'era rinforzato, e davami incomparabile gravezza. Nè crediate, Monsignor mio, che io in queste lettere sia poeta, forse per rendere alla Marchesa questa mercè e questo guiderdone delle lode che ella tante e così grandi mi dà, chè per Dio non sono. Così mi conceda il Cielo poter vivere quegli altri molti anni che ella dice, come io in ciò di nulla non solo non mento, ma pure non accresco nè giungo in parte alcuna alla pura e semplice verità. O benedette lettere, ed a me giovevoli e veramente scritte con profetica mano, posciachè elle m'hanno la sanità, dalla quale io cotanto era lontano, recata con la loro dolcezza, indovinando e quasi promettendomi quello che avvenirmi dovea del mal mio: la qual cosa a quella ora era così malagevole a pronosticare! Sarete adunque contento fare alla signora Marchesa intendere questo tanto che io a voi scrivo, acciocchè ella conosca di qual virtù e forza, e di quanto giovamento m'è quella poca carta stata vergata dalla sua leggiadrissima mano, e quanto è l'obbligo che io le debbo di ciò avere; e certo averò sempre.

Vengo ora alle altre parti delle sue lettere, e dicovi ch'ella a me pare vie più sodo e più fondato giudicio avere e più particolare e minuto discorso far sopra le mie rime, di quello che io veggo a questi dì avere e saper fare gran parte de' più scienziati e maggiori maestri di queste medesime cose. E se io fossi fuori del giuoco, sicchè non si paresse che io dicessi a favor mio, direi ancora molto più avanti che io non dico. Ella sicuramente è quella gran donna che voi avete ed al mondo più d'una volta dipinta con l'onorato inchiostro delle vostre prose, ed a me molte fiate disegnata con le parole. Nè penso giammai d'aver cotanto guadagnato, quanto ho ora, poichè ella così onoratamente di me scrive. Chè dove ella dice esser totalmente innamorata di me, veggo in ciò la grandezza del suo animo con dolcissima natura mescolata, chè grandezza d'animo è per certo innamorarsi solamente dell'altrui animo, e dolcezza invitar l'amato molto di sè minore ad amare così cortesemente e così santamente. La qual cosa io ricevo di buonissima e lietissima voglia con ogni parte del mio animo, ed amerò altresì il suo più ardentemente che ella per avventura non istima. E già, per dire il vero, ardo tutto infiammato della sua fervente virtù, presta a raccendere qualunque s'è di più freddo spirito e più gelato. E posciachè ella ha fatto voi messaggero del suo amor verso me, siate ora voi eziandìo a lei rapportator del mio, dimanierachè se ne paia l'opera buona. L'ultima particella delle sue lettere, dove ella desidera che Dio le conceda di potermi parlare, m'ha ora primieramente fatto increscere la vecchiezza, la quale infino a questo dì non m'è punto nè dura nè gravosa stata; perciocchè se io fossi un poco più verde e più fermo per le fatiche del cammino, catene ritener non mi potrebbono dallo andare per insino a Napoli per vederla, comechè io tuttavia non mi diffidi che ciò non mi debba poter venir fatto quando che sia; e in questo mezzo pregherò Dio che mi doni grazia ch'egli sia tosto. Della grazia che N. S. è contento di farmi nella concession delle decime, se egli le concederà vi priego ne basciate il piè a S. Santità in mia vece, siccome io glielo bascio sin di quà con l'animo e con la divozion mia. Nostro Signore Dio faccia sua Beatitudine tanto per lo innanzi fortunata e felice, quanto la ingiuriosa fortuna l'ha per lo addietro tenuta in fatiche e travagliata. Vi ho tardi risposto, sì perchè sono stato buoni dì a riavermi e sì perciò che io volea mandarvi altra scrittura. Voi riceverete ora il mio buon animo, e con la signora Marchesa mi scuserete della mia negligenza; e starete sano.

A' 15 *di Settembre* 1530. *Di Padova.*

A M. Antonio Mezzabarba.
A Verona.

Jeri a caso venendomi la vostra Canzone della Croce in mano (1), io la rilessi volentieri, e poi con molto piacer mio la tornai a rileggeri, più d'una volta; e vidivi non solo il sentimento di lei bello e grave, e nel vero santo, ma oltre a ciò vi scorsi e considerai quel modo di rimarla trovato da voi, nè più da me in altro poeta veduto per addietro giammai. Il qual modo come che paia tolto da quello delle sestine, perciò che egli ritorna alle rime con quelle medesime voci, egli tuttavia è d'altra e più difficile maniera; conciossiacosachè le sestine non hanno rima veruna in alcuna stanza, e voi le avete tutte, anzi due rime vi sono per ogni stanza tre volte, ed una ve n'è due, di modo che in sei stanze quelle medesime rime due vi sono sedici volte ed una quindici, oltra la coda della canzone, nella quale le due vi sono repetite tre volte, e l'una due. È vero che l'una di queste rime, che sedici volte si ridicono, avete divisa in tre voci diverse, due delle quali si ripongono sei volte, e l'una quattro; le

(1) Sta questa Canzone impressa, colle Rime dell'Autore, *Ven. Marcolini*, 1536 *in* 4.to, a c. 42. È composta in istrana foggia di sei Stanze, ma le Stanze sono di otto versi, ed il Commiato di quattro; ed in ciascuna Stanza vi sono le medesime rime, cagionate dalla somiglianza del finimento delle voci nelle quali vanno a terminare i versi; il che nelle Sestine non viene usato.

altre tutte sono di quelle medesime voci. Onde vi si vede essere una difficultà incomparabile a poterne bello e buon poema comporre con tanto rinforzamento e di rime e di quelle stesse voci. E voi dite quello che a dire avete, quasi come se le rime vi fosser piane, ed ogni stanza ciascuna per sè d'altra e diversa maniera le avesse, come hanno la maggior parte delle canzoni del nostro Petrarca. Per la qual cosa non mi son potuto ritener di rallegrarmene con voi; come ch'io stimo che pochi poeti siate per avere che seguitino questa maniera di canzone: sì mi pare egli che malagevole sia lo accozzare insieme cotanti ripigliamenti di quelle stesse voci, e il dir bene. La qual cosa tuttavia tanto più rara e maravigliosa renderà alle genti che verranno la vostra medesima fatica. State sano, e raccomandatemi al signor Podestà vostro, di cui sapete quanto io sono, ed agli altri suoi assessori colleghi vostri e miei come fratelli. *A' 20 di Settembre* 1530. *Di Padova.*

A M. Girolamo Fracastoro.
A Verona.

Ho ricevuto il bello e grande e singolar dono del vostro Poema eroico del mal francese, onorato messer Girolamo mio; il qual dono m'è più caro stato, che veruno altro che io abbia giammai per tutto il tempo della mia vita ricevuto o dal favore della fortuna o dalla benivolenza degli uomini. Hollo veduto, e ricevuto con tanto piacer mio con quanto dovea vedere e un frutto del vostro ingegno e della vostra dottrina; e i libri che manderanno innanzi insieme col vostro la memoria del mio nome, a cui sono indirizzati, quanto la latina lingua durerà, con illustre ed onoratissimo testimonio e del vostro di me giudicio e dell'amore che mi portate; de' quali due non saprei dire qual più dolce e più soave mi sia, o di cui far da me si debba maggiore stima. Vi renderei di cotanta vostra cortesia grazie, se io parole trovar potessi che bastassero a ciò fare convenevolmente; perciocchè a pensar di rispondervi con alcun dono e, come si suol dire, di rimunerarvi, io forza nè ardire non 'ho. Riserberò adunque e scriverò nel mio animo, assai capace ed a ricevere ed a rispondere altrui con amore, tutto questo così alto e puro debito che io vi tengo, e pregherò il Cielo che vi doni vita e prosperità convenevole alla vostra vertù. State sano.

A' 8 d'Ottobre 1530. Di Padova.

A M. Flavio Crisolino.
A Roma.

Se io, già buoni mesi, non ho alcuna vostra lettera veduta, questa de' 10 di dicembre con la sua dolcezza m' ha recato tanto piacere che io l'ho presa in vece di molte lettere. A cui rispondo più tardo che voluto non arei, soprattenuto da molte occupazioni, per cagion delle quali sono in Vinegia stato poco meno che due mesi compiuti. Che vi siate doluto del veleno sutomi dato, vi ringrazio, e tutti gli altri parimente de' quali scrivete, che sono molti stati. Lodato Dio che difeso e salvato m' ha; e di questo ancora che io ho scoperto chi è colui stato che alla mia morte ha inteso così scelleratamente, onde io saprò per lo innanzi da cui guardarmi. Della vostra ricuperata sanità mi rallegro poco meno che facciate voi stesso, e piglio a buono augurio che diciate esser già sì gagliardo che sareste buono ancora per la mia Villetta. Volesse Iddio che voglia vi venisse di ritornarvi con piacer di Monsignor vostro tuttavia, almeno insieme con messer Avila e messer Flaminio, i quali stimo che, forniti i loro piati e bisogne di costì, vorranno riveder queste contrade; ed io potessi con voi tutti e tre, e con messer Cola, passar quel tempo che io ci ho a vivere, chè lo terrei per la più cara parte della mia vita! Se Monsignor Reverendissimo vostro parla molto onoratamente di me, egli fa siccome dolce signore che egli è e fu sempre: rendetenegli voi per me quelle grazie che a tanta cortesia si convengono, ed altresì delle salutazioni sue, le quali sempre m' apportano le vostre lettere. Quella parte di queste ultime, con la quale vi rallegrate meco della cura datami dalla mia patria di scriver la istoria sua, piglio io volentieri perciò che io so che ella viene dall'amore che mi portate, ma non per conto che ella di piacere mi sia, chè non m'è, dovendo ciò essermi di più fatica che peravventura in questi anni non mi si convenia. Che d'utilità ella non m'è punto, nè l'arei accettata se questi signori di tale cosa ragionato m' avessero; e voi in ciò avete il falso inteso. È il vero che avendo io per questa cagione da dover dimorare in Vinegia, secondo che egli mi verrà bisognando dì per dì e tempo per tempo, essi m' hanno assegnato la pigione d'una casa, poscia che io non v' ho stanza; la qual pigione io tutta ho già cessa e data al Signore del mio albergo. Messer Leonico ha udita con molto piacer di lui la salutazion che io gli ho a nome vostro recitata; e molto vi risaluta allo 'ncontro: il quale ed è assai ancora gagliardo per gli anni molti ch' egli ha, ed amavi grandemente. Messer Cola vi ringrazia che vi ricordiate di lui, e dice non avere per questa volta da rispondervi, avendo alle altre vostre lettere risposto a bastanza. State sano, e di noi ricordevole, chè vi abbiamo spesso non solo ne' nostri pensieri, ma anco ne' ragionamenti.

A' 3 di Febbraio 1531. *Di Padova.*

A M. Innocenzio Sinibaldo.
A Pesaro.

Di quanto avete superato non solo la richiesta ma anco la espettazion mia, reverend. messer Innocenzio, di tanto vi ringrazio, più di quello si suol fare per gli altri comunemente, del dono da voi mandatomi di due cani da rete, in luogo d'uno che vi pregava mi mandaste, e di un altro da uccelli che io non vi richiedeva, ed insieme della rete, ed oltre la rete dell' astetta dorata e bella da portare a caccia: le quali tutte cose m'ha recate il vostro buon Persio, profferendomi oltre a ciò il vostro caval turco. Se tutti quelli a' quali si richiede alcuna cosa facessero come avete fatto voi, che richiesto da me a comperarmi un can da rete, m'avete tre cani e le altre tante cose mandate a donare per insin qui per lo vostro fidato servente, in picciol tempo s'impoverirebbono molti ricchi uomini, e molti, credo io, divenirebbono richieditori a posta. Voi avete ben dimostrato servar memoria dell'amore che io vi porto; ma io diverrò più modesto per lo innanzi a richiedervi: il che non avverrebbe se voi pure aveste fatto solo quello che io disiderai da voi. La vostra cagna terrò per me; dell'altro cane penso di far quello che mi scrivete, che se fia buono io il manderò a maestro Valerio a vostro e mio nome. Ho tenuto qui due dì Persio vostro, e andai ieri a veder fare fatti la vostra cagna, siccome da esso intenderete. Piacemi che stiate bene ed onoratamente; la qual cosa io avea già da messer Avila inteso, il qual mi ragionò della cura che prendevate per trovarmi il cane richiesto. Della qual cura tornando a ringraziarvi farò fine, pregandovi a salutarmi il rever. messer Giovan Francesco vostro zio, del cui male mi pesa quanto dee, ed anco il nostro messer Bernardo e gli altri amici. State sano. *A' 4 d'Agosto* 1531. *Di Padova.*

A M. PIETRO AVILA.
IN ISPAGNA:

Quanto siano somiglianti le fortune d'amendue noi puossi da ciò estimare, che se voi ritornando alla patria trovaste vostro fratello e vostra cognata in pericolo della lor vita, io a questi dì ho perduto il mio Lucilio (1), che si morì di male che non gli durò più d'una notte, dolce e dilicato figliuolino, e sopra il quale erano fondate le speranze della mia famiglia, come sapete. Non vi dico di quanto dolore m'abbia questa repentina morte ripieno, chè io so che voi vel conoscete, sì per la qualità di lui, il quale già dava di sè tali segni di dover divenire ad infinita soddisfazion mia e de' suoi tutti che aguagliavano il mio desiderio spesso; e sì per lo avere egli sparso al vento quelle molte spese e fatiche a voi ben cónte. Vedete come in un punto si dilegua spesse volte la maggior parte degli umani adombramenti e disegni! Io non potea ricevere dalla fortuna maggior ferita di questa, e tuttavia rendo a Dio grazie di tutto ciò che alla Sua Maestà piace, e procuro di darmene pace al meglio che io posso. Non può così la madre di lui racchetarsene, la quale non trova conforto per lo grande ed infinito amore che ella gli portava, oltra che ella era inferma quando il fanciullo si morì, di febbre e di dolori colici; a' qua' dolori aggiunto questo, per poco non ha lasciata la vita anco ella; come che ora ella sta pure alquanto meglio; così ad un tempo ho avuto più cagioni di cordoglio. Emmi stato di necessità venire in

(1) L'epitafio fatto dal Bembo a questo suo figliuolo si legge in una sua lettera scritta a Veronica Gambara fra le cose latine. Anche Benedetto Lampridio scrisse un oda in morte di questo fanciullo che incomincia:

Hunc tibi, cui nigra parens Tartara ec.

Vinegia per alcuna bisogna, deve, se vostra comare andrà migliorando del mal suo, mi starò tutto questo mese. Messer Cola e messer Federigo stanno bene, e spesso ragioniamo di voi, quando io con lor sono. Io ho avuto una volta vostre lettere di Spagna, alle quali risposi. Vi priego non vi sia grave darmi sovente di voi e delle cose vostre novelle, chè io ve ne darò altresì bene spesso di me. Il vostro Santolino cresce bello assai. State sano il mio caro ed onorato messer Pietro.

A' 9 di Settembre 1531. Di Vinegia.

AL CARDINALE EGIDIO.

A ROMA.

Io amo messer Carlo Gualterusi da Fano quanto più caldamente può alcuno amico amare un altro. E questo fo non solamente perchè è egli di virtù e di costumi e d'ogni maniera di bontà e di valore dignissimo da esser da ciascuno amato, ma per questo ancora, che egli in molte e diverse mie bisogne che in cotesta Corte ho di trattare e di fornire avuto mestiero, s'è per me adoperato non altramente che se elle sue particolari e proprie state fossero; nè so ben dire se io mi credo che egli nelle sue tanto studio e cura e diligenza ponga giammai, ed in tanto la sua utilità procacci quanto egli ha la mia procurata; onde io me gli sento tenuto d'un grande e singolare obbligo. Ora perciocchè io ho inteso fare al detto messer Carlo grandemente uopo del favor vostro in suo disegno nella contrada d'Acquapendente, priego il vostro alto e verso me sempre liberale animo, a voler verso lui essere di tanto in ciò cortese, che egli con buona grazia vostra pervenga là dove egli cerca e disidera di pervenire. Il che riporrò, accanto agli altri cotanti meriti e sì illustri che avete meco, nella migliore e più ricordevole parte della mia anima. Bascio a Vostra Signoria la mano, pregando il Cielo che a moltissimi anni la sua vita distenda in quella felicità che alla gran virtù di lei è richiesta, ed io sopra ogni cosa desidero.

Ai 22 di Dicembre 1531. Di Padova.

AL GENERALE DI S. AGOSTINO.
A VINEGIA.

Questo giorno, che è la festa della vostra Chiesa, m' ha fatto ricordare che io doverei scrivervi e ringraziarvi delle mele granate che mi mandaste molti dì sono, siccome io fo, ed oggimai con voi mi convien fare molto spesso, la vostra mercè e cortese animo. Io sto in venire costà, a che mi sprona più che altro il disiderio di veder voi ; ma ho un poco d'indisposizion di reni, acquistata per un cavalcare che io feci questo settembre nel Trivigiano. Della quale vorrei pur liberarmi prima che io mi partissi di questa quiete, la quale in ciò m' è ad uopo. Io vi veggo ridere di questa parola *uopo*, nel vero troppo tosca ad uomo viniziano. Ella m' è uscita del calamo che io avveduto non me ne sono, che l'arei ritenuta per non darvi cagion di beffarmi; perciocchè io grandemente temo la vostra censura. Ho fornito il primo Libro

della mia Istoria, alla quale tuttavia non ho
posto mano se non da pochi giorni in qua,
chè tutto questo altro tempo ho speso in raccoglier le cose che da scriver sono. Non ho
che altro dirvi, se non che io disidero sapere come state, a cui bacio la mano; e vi
priego a salutare a mio nome il buon frate
Antonio.

A' 26 di Dicembre 1531. Di Padova.

A M. FEDERIGO FREGOSO ARCIVESCOVO
DI SALERNO.
AD OGGOBIO.

Io stava per iscrivervi e darvi notizia dello avere io ricevuto le vostre lettere, e le due
epistole del padre don Gregorio che voi mi
mandaste con lettere, e del portator dell'une
e dell'altre, che fu messer Perpetuo, quando questa mattina mi fur date le altre vostre
con la quetanza di messer Ottaviano Barzi di
dieci scudi. Della quale quetanza non bisognava che voi vi pigliaste alcuna cura, bastando-
mi che egli avesse da me i danari; nondimeno ne rendo a voi tanto più grazia. Piacemi
che mi date per queste ultime speranza di
quello di che voi nelle altre m'accennaste,
di voler venire a starvi otto giorni meco a
buoni primi tempi. Io vi ci attenderò con
sommo e singolar mio disiderio. Al qual tempo se monsignor de' Bachi volesse pigliare cura di menarmi un buon cane da rete, di quelle contrade di Fano o di Pesaro, io ne gli sen-
tirei molto obbligo, proferendomi a fare altrettanto per lui delle cose di questo paese. Le

Epistole del reverendissimo don Gregorio (*Cortese*) mi sono piaciute grandemente, ed hanno superata la openione che io avea ben grande e bene onorevole della sua eleganza; nè sarà uom che giudichi, in leggendo il loro titolo, che elle siano di monaco, e per dire più chiaro, di frate. Nella quale cosa egli merita intanto maggior lode, che *delet maculam jam per tot saecula iniustam illi hominum generi* di non sapere scrivere elegantemente. Queste sono non solamente latine ma ancora anticamente latine, e piene della erudizione e candor di quelli buoni secoli, che poco tuttavia durò; e sono oltre a ciò gravi e sante, che anco le fa più belle e più care. Delle quali due quella a papa Leone pare che piaccia e diletti più appieno, non perchè all'altra alcuna cosa manchi, ma perchè a questa non si può aggiugnere. Sarete contento farmegli raccomandato quando il vedrete. Vidi messer Perpetuo volentieri e parvemi molto e gentile e prudente uomo, ed atto *ad sustinendas vices tuas* in quella badia, ed in qualunque altra grande impresa. Dolsemi che egli si lasciò molto poche ore godere. Io penso fra quindici o vinti giorni andare a Vinegia per un mese. Se ivi sarò buono a fare alcuna cosa per voi, spendetemi, e usatemi per quel vostro che io sono. A cui baccio la mano.

A 29 di Dicembre 1531. *Di Padova.*

A M. FRANCESCO GUICIARDINI
GOVERNATOR DI BOLOGNA.

La cortesìa ed umanità di Vostra Signorìa, mostratemi nelle lettere che non ha guari ebbi da lei, mi danno ardire di pregarla nelle bisogne de' miei a molta giustizia. Madonna Giulia de' Tori, governatrice della mia magione costì, ha fatto ritenere uno ebreo, il quale ella, già sono più anni varcati, mandò a riscuotere certi suoi crediti in quel d'Urbino, e riscosseglì senza dimora col favore della signora Duchessa, a cui raccomandai quella bisogna scrivendo a Sua Signoria sopra ciò. Tornato poi a Bologna il detto ebreo disse a lei non gli aver potuti riscuotere, e così se gli ha villanamente ritenuti fin questo dì. Come che un'altra volta, mentre lo 'mperadore era in Bologna, egli fosse per questa cagion ritenuto e con promessa lasciato, ora perciò che a questo ebreo non mancano difensori (che siccome hanno frustrate le molte fatiche e spese fatte in questa causa dalla detta madonna Giulia per lo addietro, così cercheranno di fare ora e continuamente per lo innanzi), priego Vostra Signorìa ad esser contenta di conoscere il molto torto fattole da quel tristo e da chiunque lo difende, e conosciutolo non le ne lasci far più, ma termini e finisca questo piato secondo che ella conoscerà per giustizia convenirsi; e siccome è usanza della sua molta virtù, lievi quella buona donna della noia che ella indebitamente sostiene, e nella quale l'hanno troppo lungamente lasciata quelli che dovevano levarnela il primier giorno per debito dell'ufficio che essi tenevano. Di tutto ciò che ella da voi riceverà di soccorso e di grazia, io ve ne rimarrò tenuto niente meno che se quel credito spezialissimamente mio fosse. A Vostra Signoria mi dono e raccomando.

A 23 di Maggio 1532. Di Padova.

A M. GIO. BATISTA RANNUSIO.
A VINEGIA.

Scrissi già alcuni dì, Rannusio mio caro, alla Serenità del Principe, circa la condotta dell'Alciato, quello ch'io n'intendeva e ne sentiva, astretto da alquanti di questi nobili signori Oltramontani. E com'intesi, per ordine di Sua Sublimità fu dato buono indrizzo, che 'l desiderio loro, congiunto con grande onore e utile di questo Studio, avesse il suo fine. Per ancora niente è stato fatto, avendo i signori Riformatori promesso al rettore, e ad alquanti de' detti scolari che furono a questo fine a Venezia, che per tutto il mese passato l'espediriano. Ora s'è inteso, messer Franceschin da Corte aver mandato uno scolaro piemontese ai detti signori Riformatori, e specialmente al magnifico messer Sebastiano Foscarini, proponendogli lo Alessandrino che legge a Turino, con ampio mandato di condurlo, non per altro rispetto alcuno se non per impedir con questa obblazione la condotta dell'Alciato: la quale il detto Corte, ed alcuni di questi altri lettori, fuggono e abborriscono più che la mala ventura, certi di non avere, quando l'Alciato sia in questo Studio, la metà degli scolari che era hanno. Io, che sono fuori di passione, e semplicemente desidero l'onore ed utile della mia patria, e sono informatissimo della eccellente dottrina del detto Alciato, e so ch' ei condurria qui un grande e bel numero di scolari, e faria profitto non mai più fatto qui in questa disciplina legale, sento dolore che una cosa di tanto momento, e che con ogni studio doveria esser accettata, abbia tanta difficoltà. E dogliomi che costì non si faccia infallibil argomento della sufficienza di questo uomo, dalla cura che questi lettori pigliano in dar mala informazione di lui, come hanno fatto, e d'impedirla come impediscono: la qual cosa non fariano se lo sprezzassero e non lo temessero. Dogliomi ancor più chè intendo fermamente, per freschi avvisi, a Bologna farsi qualche pratica di condurlo: il che se avvenisse, v'affermo che tutti gli Oltramontani si partiriano da questo Studio e anderiano a Bologna. Siccome se l'Alciato verrà qui, lo Studio di Bologna non resterà mezzo. Mi resta solo che io ho speranza che la Serenità del Principe, che conosce la qualità del negozio, sia per voler che quello onorevole partito non si lasci, e farà dar fine alla richiesta onestissima di questi scolari, desiderosi delle buone lettere e buona dottrina. Ma tuttavia per le molte occupazioni di Sua Sublimità fa forse bisogno che ciò le sia ricordato. La qual cosa vi priego e astringo che siate contento di fare a nome mio con Sua Serenità voi. Intendo la maggior difficoltà essere nel clarissimo Foscarini, e per questo rispetto il Corte gli ha inviato il Piemontese, il qual Foscarini non so come par che sempre abbia avuto in odio tutte le buone lettere in ogni facoltà. Non dirò altro; siete prudente, soccorrete ancor voi per la parte vostra al bisogno ed onore di questo Studio, siccome fo ora io, che senza niun interesse mio nè picciolo nè grande (che non vidi mai l'Aloiato) piglio fatica, estimando esser mio debito, essendo veneziano, il così fare. Sopra tutto raccomandatemi umilmente in buona grazia di Sua Sublimità. State sano, e salutatemi i clarissimi e valorosi mess. Niccolò Tiepolo e mess. Gasparo Contarini, molto amorevolmente.

A' 7 di Luglio 153. *Di Padova.*

ALLA MARCHESA DI PESCARA.
AD ISCHIA.

Assai tardo alle lettere di Vostra Signoria rispondo, recatemi da messer Giovan Jacopo Salernitano. In colpa di ciò è stato il volere io soddisfare in alcun modo a quello che egli mi disse che voi gli avevate imposto che procacciasse, e ciò è d'aver la mia immagine dipinta. Perciò che pensai di far dare finimento ad una medaglia del mio volto, già da persona incominciata che si morì avendo l'opera nelle mani. Questa medaglia per la povertà de' maestri m'è fin questo dì stata indugiata a fornirsi, e poi è suta fornita non bene, chè non mi rassomiglia quanto potrebbe, ed io vorrei pur ubbidirvi compiutamente. So io bene che tali memorie al mio picciolo

stato non si convengono, ma il disiderio
che io ho d'avere la vostra immagine m'ha
fatto men guardare alla qualità di me stesso,
sperando se io a voi mi donava tale quale io
potea, che voi non doveste a me negarvi altresì, di che disiderosissimamente vi priego.
Così alle vostre onorate lettere, e al sonetto
leggiadro scrittomi che con loro era, rendo
tardamente con questa penna quelle maggiori grazie che io posso. Nessuno più ricco dono potea io ricevere che i tre vaghissimi sonetti vostri in diversi tempi avuti, che mi sono in vece di preziosissimo tesoro cari. Cari
eziandio mi furono gli altri due bellissimi sonetti del Carro d'Elia, e del Ginebro, man-
datimi di vostra mano insieme con l'ultimo
che a me veniva, nell'uno de' quali a me pare che voi di gran lunga superiate e vinciate
il vostro sesso; nell'altro d'alquanto voi stessa. La indisposizione, nella quale intendeste
che io era, mi s'è dileguata e partita, siccome
voi nelle vostre lettere indovinaste che
dovea essere, e in tanto sto bene che io ripiglio un poco la speranza di potervi ancor
venire a vedere sin costà, che è il maggior disiderio che io abbia. N. S. Dio vi dia lunghissima vita, poscia che v'ha dato sì chiaro e sì
divino ingegno. State sana.

A 25 di Luglio 1532. Di Padova.

AD IPPOLITO CARDINAL DE' MEDICI
VICECANCELLIERE.

A MANTOVA.

Messer Niccolò Trapolino, gentile uomo padovano è dotto e cortese e buono, il quale io per la sua dottrina e molta virtù amo ed onoro quanto pochi altri, m'ha questi dì pregato, che avendo egli da impetrar certa grazia molto giusta dallo imperadore, io il voglia raccomandare a V. S. acciocchè ella il faccia a Sua Maestà raccomandato. Io che non aveva giammai fatto a V. S. con la penna riverenza, sono stato sospeso e fra due lungamente, chè insieme nè ardiva questo piacer negargli desiderando di fare assai delle cose che io potessi per lui, nè mi parea ben fatto nojar voi con la prima mia scrittura, massimamente in ciò che non dalla vostra dolcezza e liberalità, ma dall'altrui s'avesse da ricevere e ricercare. Alla fine recandomisi per l'animo, che io debba vie più tosto rendere a messer Niccolò grazia che mi dia cagione di scrivervi quello che fatto più non ho, che rimanermene per verun conto, aggiunto a questo ancora, che la cortese natura vostra più acconcia è a concedere e donare altrui quello di che siete richiesto men prudentemente, chè a voler non essere se non prudentemente richiesto, ho eletto se io pure ho in questa parte a peccare. Priegovi adunque riverentemente a degnarvi di sollevar questo gentile uomo con una brieve raccomandazione vostra in riposo e sostegno della sua vecchiezza; il che io riceverò siccome donato a me stesso. Bascia la mano di V. S., nella sua buona grazia e mercè senza fine raccomandandomi.

A' 7 di Novembre 1532 di Padova.

A MAESTRO GABRIELE VINIZIANO GENERALE DI S. AGOSTINO DEGLI EREMITI.

A VINEGIA.

Dio il sa, e certo sono che anco Vostra Signoria sel crede, che m'è grandemente doluta la morte del nostro signor cardinal Egidio, il quale era e dotto e amico de' dotti e letterati, e grato e gentile, e sopra tutto pieno di soavissima facondia che addolciva gli animi di chiunque usava con lui. Ma che giova il dolersene? nulla; anzi aggrava ed accresce il danno. Dunque, monsignor mio buono e savio, al quale so quanto questa piaga addentro passa per lo incomparabile amore ed antica benivolenza che fra voi due era confermata con tutti i forti legami della vera amistà, posciachè così a Dio è piaciuto cerchiamo di darcene pace e di accordarci al suo volere che errare non può. Egli in povero e basso luogo nato, di picciolo fraticello con la sua virtù è tanto alto salito che è stato molti anni gran signore e molto onorato e riverito dal mondo, dimodochè per cagion di lui dolere della sua morte non ci possiamo. Dolersi altri per cagion di se stesso e del danno suo particolare, è opera di cuore poco esercitato dalla fortuna, e non così prudente come quello di Vostra Signoria è, e come dee essere il mio, se non per altro, almen per gli

anni molti che io ho, che mi debbono avere
ammaestrato nel ricevere pazientemente gli
umani avvenimenti. *Sed noctuas Athenas.*
Arò nondimeno caro che voi mi facciate due
righe di risposta che mi dicano come state.
A cui bascio la mano.

A' 23 di Novembre 1532. Di Padova.

A MAD. COSTANZA FREGOSA,
CONTESSA DI LANDO.

Ad una lettera vostra delli 27 d'Agosto
assai tardo, essendo io in Vinegia, ricevuta,
rispondo eziandio assai tardo. Di ciò è in colpa, che raro intendo d'alcuno che in costà
venga; chè se io avessi spesse volte portatori,
e voi areste più sovente da me lettere che
non avete; chè nessuna cosa fo io più volentieri che scrivere a voi e leggere le vostre
lettere; siccome ho letta volentieri e con molto piacer mio questa vostra ultima piena di
vera amorevolezza. Alla quale rispondendo
dico, che areste oggimai una gran ragione di
dolervi di me, poscia che atteso non v'ho la
promessa fattavi del venirvi a vedere, massimamente a questo tempo molto bello e sereno del settembre passato (essendo stata la
Lombardia e cotesti luoghi senza soldati), se
io non fossi stato questo medesimo tempo
grandemente occupato in Vinegia. Oltre che
sì non era io anco ben disposto della persona
da poter fare questo cammino, per alcuna
gravezza che m'è tutto l'anno passato dura-
ta: le quali due cose faranno con voi la mia
scusa per questa fiata; ma se Dio mi lascierà

in vita e in sanità questo anno che viene, e io non venga a vedervi, tenetemi per poco amorevole compare. Non ho fatto da venti anni in qua alcuna via più volentieri di quello che farò questa; chè se voi, come dolcemente dite, per sentirvi oggimai vecchia desiderate vedermi, quanto debbo ciò disiderare io che molto più vecchio sono che voi non sete? A me parrà aver soddisfatto al maggiore obbligo e maggior disiderio che io abbia, se il Cielo mi farà grazia di potervi rivedere. Non crediate che per cagion di questi molti anni che veduti non ci siamo, io nell'amore e amistà che è fra noi sia meno osservante di voi di quello che io stato sia quando eravamo in una medesima casa amenduni, ed ogni dì ci vedevamo. E i molti miei anni, che m' hanno levato le giovenili forze, e il caldo ardire di quella età non hanno perciò in parte alcuna scemato l'animo, mio verso voi, e l'amore che io ugualmente e ad un modo sempre v'ho portato e porterò, mentre ci viverò. Nè meno amo io ora, non dico monsignor Arcivescovo che è in vita e il quale io ho riveduto assai lungamente questo anno varcato, ma eziandio il signor Ottaviano, già più anni morto, di quello che io ad Urbino l'amai. E parmi che sia così da fare tra veri amici. Ma tornando alle vostre lettere, la instanzia che voi mi fate, che io venga a vedervi m'è tanto cara stata che non basto a dirlo, parendomi che ancor voi serbiate quella memoria di me con questa vostra dimostrazione che si conviene tra noi. Di madonna Caterina vostra mi piace che ella fertile sia più di quello che sete voi stata; ma vorrei che questo terzo parto venisse maschio e non femmina, come dite che ella sarà. Dovete credere che io disideri vederla, sì come figliuola vostra, e di tanto ancor più di quanto io mai veduta non l'ho. Giovami che ella non è guari da voi lontana, chè quando io a Piacenza venga o ella vi potrà venire agevolmente, o io a lei andar potrò senza sinistro: perciò che io vedere la voglio venendo in costà in ogni modo. Ho inteso che sete sul maritare il conte Agostin. N. S. Dio vi conceda potervi ben consolare di nuora, come ella si potrà ben contentare di suocera. Monsignor l'Arcivescovo m'avea dato in parte speranza di venir questa vernata a Vinegìa, poi non ne ha fatto nulla. Ma stia egli pur sano, che di tutti i suoi voleri mi soddisfò. Bene desidererei che egli non si fosse così del tutto scostato dal mondo come ha fatto. Resta che io a voi mi raccomandi, e stiate sana.

A' 30 di Novembre 1532. Di Padova.

A MADONNA VERONICA GAMBARA.
A BRESCIA.

Conte che io era da me assai certo che delle mie disavventure voi vi sentiste affanno o uguale al mio o poco di lui minore, tuttavia la vostra e molto amorevole e molto prudente lettera, scrittami da Virola nella fine di settembre sopra la morte di Lucilio mio figliuolo m'è suta e opportuna e cara, scorgendo io e in ciascuna delle sue parole l'affezione usata vostra verso me; e in tutta lei quel

Bembo. 12

conforto che mi sarebbe potuto dare dalle scuo-
le dei migliori filosofi che fur mai. Di che
io vi rendo quelle grazie che io debbo e posso maggiori; e quantunque male in cotali
avvenimenti possano gli umani animi porre
al dolor freno, pure e prima da me stesso cercai non mi lasciar del tutto in preda di lui,
e dappoi lette le vostre lettere, accortomi che
voi mi davate sano e fedel consiglio, ho procacciato d'ubbidirvi maggiormente; e sommai
oggimai col voler del Cielo accordato in darmene pace. Io certo ho perduto un figliuolino che empiea già tutte le mie speranze, per
quanto da quella età disiderar si potea, chè
erano nove anni non forniti. Non per tanto
non solamente non voglio più dolermi di
quello che a Dio è piaciuto, ma ancora lo
ringrazio che, come che quella mia pianti-
cella e talletto avesse a vivere e a verdeggia-
re così poco, pure me l'abbia tale dato quale io potea più volere e pregare che dato mi
fosse. La qual parte quanto sia vera, e oltre
a ciò di quanto cordoglio mi sia questa morte
stata, potrete vedere dal soprascritto che io
allor feci per porlo nel suo sepolcro; e fia
in questa lettera. Ho tardato a rispondervi
chè ho voluto potervi sicuramente rispondere, d'avere non solo preso ma ancora posto
in opera il vostro saggio e utile consiglio.
State sana.

A' 20 di Gennaio 1533. *Di Padova.*

Lucilio Bembo puerilibus in annis iam
non puero: sed indolis amabilitate ingenii-
que luminibus et mirifico ad bonas artes
ingressu etiam parentum vota exuperanti:

qui vix. ann. VIII. men. VIIII. d. XV. Petrus
Bembus pater filiolo animulaeque suae P. C.
O multum dilecte puer quae dura parenti
  Fortuna invidit te superesse tuo?
Quam producebam laetus te sospite vitam,
  Erepto peior morte relicta mihi est.

A M. LODOVICO PARISETTO IL GIOVANE.
A REGGIO.

Io ho a questi dì da voi ricevuto una
molto bella epistola in verso eroico, scrittami
nella maniera oraziana, la quale gran maraviglia m'ha recata per due conti; l'uno è,
che io non conobbi giammai la persona vostra, nè anco l'ho per addietro ricordare udita, e parmi nuova cosa che uno che tanto
sappia mi sia nascosto stato così lungamente;
l'altro è per la scrittura in sè, chè è tale che
genera maraviglia, leggendola monda, pura,
vaga e piena del candor del secolo d'Augu-
sto; la qual cosa oggidì poco si vede. Per le
quali cose io mi sono rallegrato e meco medesimo, a cui un così dotto uomo ha voluto
indirizzar de' suoi componimenti, e vie più
con voi che siate tale quale vi veggo essere,
singolar poeta ed illustre. Quinci nasce che
io son fatto in poca ora, siccome debbo, tutto
vostro e tutto pieno di disiderio di piacervi.
Però sarete contento, se mi sentirete buono
a far per voi, così adoperarmi senza risparmio
mio come se io anticamente amico vostro
fossi, ed a voi congiuntissimo e domestichis-
simo, chè per tale mi vi profero. State sano.
A' 28 di Gennaio 1533. Di Padova.

A Giambatista Rannusio
A Vinegia.

Io vi fo sapere che se messer Tommaso Giunta non averà altro testo da stampare la Deca (di Livio) del Boccaccio, che quello del magnifico messer Giovan Giorgio, la sua stampa non sarà nè corretta nè buona, nè gioverà che gli siano preposti correttori, di quelli che si potranno avere a Vinegia; però lo conforterei egli vedesse d' avere alcuno altro testo. Io ne ho veduto qui uno che era molto più corretto senza comparazione alcuna, di non buona lettera; ma non mi può tornare a memoria di chi esso fosse, nè chi mel desse: vennemi ben da Vinegia. Piuttosto non lo stampi che volerlo stampare incorretto, come necessariamente si stamperia non avendo miglior testo. Il voler poi stampare le altre Deche, tradotte come che sia, a me per niente non piace: stampi per sua fe questa sola chè ognuno la comprerà, chè accompagnata, non fia così vendibile; anzi quella grandezza e spesa di tutto Livio impedirà il vender questa che per sè si spaccieria molto bene. Pregatelo da mia parte con ogni istanza a non la mescolar per cosa del mondo, nè anche per conto del guadagno, se bene egli credesse farne assai. Rarissima e disideratissima opera sarà questa sola, che accompagnata, non fia nè disiderata nè rara. Di grazia di grazia non le mescoli; forse gli verrà un giorno alcuna occasion di qualche gentile spirito che, con la via già fatta dal Boccaccio, si porrà a tradur le altre Deche toscanamente e bene. Ed allora poi potrà farlo con dignità. Ora se esso pure lo vorrà fare, io lo terrò per uomo che........ ma non voglio dire altro, e forse ho detto troppo: assai sarà che egli dia fuora questa Deca, e Pietro Crescenzio, ed i Poeti toscani antichi: queste cose faranno somma grande e bella. Il Boccaccio stampato in Firenze del 1527 io non ho, chè nè corressi uno di quelli stampati in Vinegia assai prima con un testo antichissimo e perfetto, nè poi mi ho curato d'altro; ho bene inteso che è corretto assai. Se me ne manderete uno, ve lo saperò dire assai tosto. Delle due stampe delle Orazioni di Cicerone più assai mi piace la più grande, che nel vero è molto più bella; ed io per me vi saprei consigliare di stamparle in quella, chè non è conveniente in questa opera, così cercata da ognuno e nuovamente tanto più corretta e più piena delle altre, e con la cura di messer Andrea tanto uomo, usar poca diligenzia, o guardar più spesa. Io stimo che così si venderanno Lire dieci come sei; e quando saranno belle, più inviteranno i compratori. Ma ho avvertito che lo spazio di sotto della bella stampa è stretto, e molto minor che quello dell'altra che dà disparutezza; non vorrebbe essere men largo e bello di quello; ma forse è perchè di sopra si può far lo spazio più stretto e così quello di sotto si farìa maggiore. Avvertiteli chè importa assai alla bellezza dell'opera. Ve li rimando acciò vediate quello che io dico. Io non posso saper la opinione di questi scolari, che non gioverìa averla di pochi; e poi non potete mai solo considerar la verità, e quello che gli altri siano per giudicare essi. Qui in Padova pochi attendono a Cicerone a rispetto degli altri luoghi. State sano, il mio caro Rannusio.

Agli 8 di Marzo 1533 di Padova

Mando a Vostra Signoria le iscrizioni che richiede il signor Duca, cioè: Per lo fregio ad alto della casa dalla parte de' giardini e di tramontana, così: *Pro sole, pro pulvere, pro vigiliis, pro laboribus.* Dove s' intende che queste cose piacevoli che qui sono, ombre, erbe, fiori, fonte, riposo e somiglianti cose, si danno al Duca in vece di quelle. Poi all' arco che va dall' una casa all' altra, così: *Francisco Mariae, quo in loco hostes fudit fugavitque, Civitas Populusque Pisaurensis.* Dove si parrà che la città di Pesaro abbia al signor Duca fatto quello arco a memoria della sconfitta data da lui a' Lanzichenecchi in quel luogo. Al Bacco di rame trovato costì sotterra, così: *Ut potui, huc veni Febo Delphisque relictis.* Questo dico perciò che Bacco anticamente s' adorava in Delfo insieme con Apolline. Ultimamente alla figura del signor Duca, acciò che ella non rimanga senza i suoi versi, avendo io dato a Vostra Signoria quel distico che avete avuto per la figura della signora duchessa, così:

*Umbria jam non te, non silvifer Appenninus,
Non tellus capit ulla, alto deberis Olympo.*

Sarete contento nelle vostre lettere in buona grazia del signor Duca e signora Duchessa raccomandarmi: a' quali desidererei fare un dì riverenza in quelle loro vaghe e belle ed a me dolcissime contrade, e tornare a goder per otto giorni almeno di quel cielo, e spezialmente possendo io vedervi monsignor di Salerno con la sua bella villa e con la badia dell' Avellana a tempo ed a stagion calda, come questa è. State sano ed abbiatemi per molto vostro.

A' 28 di Luglio 1533. Di Padova.

AL SIGNOR MARCHESE DEL VASTO.
A NAPOLI.

Sono alle volte così presuntuosi gli amici che non ricevono escusazione alcuna dell' amico nelle cose che essi ottener vogliono, come è era a me avvenuto. Che volendo io escusarmi con persona che mi strigneva che io a voi per lettere raccomandassi un suo, e dicendogli che io non v' avea mai più scritto, nè con voi tenea tanta dimestichezza che io ardir dovessi di darvi alcuno impaccio, non m' è ciò valuto, e quasi ponendomi egli il calamo in mano m' ha sforzato a così fare. Dunque sia Vostra Signoria da me pregata ad aver per raccomandato un messer Palladino di Cervia raguseo, il qual dee riscuotere certi suoi danari da un messer Ginon Pallas catalano, ad agevolarlo per vostra cortesia nel poter conseguire il suo. La qual cosa potrete peravventura di leggiere adoperare; ed all' amico mio fia singolar grazia, ed io a voi ne rimarrò tenuto grandemente. Ma non voglio da voi questo dono, se voi di prima non mi perdonate l'ardire che io pur prendo di darvi tale incarico e gravezza. A cui oltre a ciò, se piacerà farmi con due parole raccomandato alla molto illustre signora marchesa di Pescara, onore è del suo sesso e del nostro secolo, a cui molto debbo, io lo porrò a grande obbligo con Vostra Signoria, la mano sin di qua basciandonele.

A' 10 di Settembre 1533. Di Padova.

A M. VENTURA PISTOFILO.
A FERRARA.

Io mi son doluto della morte del buon signor Duca vostro grandemente per molti conti: tra' quali non è stato leggier quello della perdita vostra; della quale con voi mi rammarico in queste poche righe, pregando N. S. Dio a consolarvi e a ristorarvene bastevolmente: senza che il rispetto pubblico, che a questo infelice tempo e misero sia stato tolto alla povera Italia un valoroso e savio signore e principe, è cosa da dolersene e da piagnerne lungamente. Certo a tutta la mia patria questa novella è giunta molestissima e dolorosa più di quello che per avventura si sarebbe agevolmente creduto da chi veduto e udito non l'avesse: *Sed haec quoniam humana, etiam ferenda.* Arò caro intendere da voi che stato avete col nuovo Duca, ancora che io stimi che il vostro valore ad ogni naturale ingegno già sia e carissimo e accettissimo. *Caeterum* conoscendo io l'antica

umanità e dolcezza vostra verso me, non ho
temuto di noiarvi per lievissima cagione, e
tale che non si pare che debba o muoverne
a scrivere o pure movendomi dirizzarmi a
scriverne a voi. Io ho in casa mia una donna
grisona vedova per fantesca, detta Anna la
fedele, la qual mi serve così bene che io l'ho
cara molto, e quanto altra che io avessi giammai. Questa Anna ha costì un cugino detto
Iacomin da Tuola zavattiere dell'arte vecchia, che sta in piazza di san Romano; il
quale con sue lettere tanto la pregò e tanto
la sollecitò ad andar l'anno passato a lui a
Ferrara, che ella, lasciando un'altro patron
suo da cui era cara tenuta, v'andò e stette-
vi ben tre mesi servendo il suo cugino, come
se egli non cugin ma signore stato le fosse.
A costei alla fine, volendo ella a Padova tor-
narsi, il cugin ritenne alcuni suoi arnesetti
affine che ella non si partisse, con questo co-
lore che egli volea che ella gli pagasse le
spese di quelli tre mesi che ella era seco stata. La qual richiesta quanto fosse onesta, sì
perchè egli l'avea chiamata e stimolata ad
andarvi, e sì ancora perciò che ella l'avea
come fantesca servito, e dovea oltra le spese
meritare alcun premio, voi vel vedete. Ora
io priego voi che, fatto a voi venire il detto
Iacomino, gli diciate sopra ciò quello che egli
merita; chè se voi gli riscaldaste con un buon
riprendimento gli orecchi, sarebbe ciò poco
alla sua ingratitudine, e a quello che gli si
converrebbe di questa villania. Come che io
da voi non cerco altro, se non che operiate
e facciatevi dar le dette robicciuole della mia

fantesca; che fieno segnate in una carta in questa lettera. Per le quali ella era disposta di venire a Ferrara, ma io l'ho ritenuta acciocchè ella non si parta da me; oltra che è vecchia e poco gagliarda da far questa via a tal tempo. Quando colui pigliasse sopra ciò escusazione alcuna, o dicesse altramente che come io vi scrivo, non gliele credete, e tenete per certo quello essere il vero che io raccontato v'ho. Se voi ricovererete le dette cose, che sono in sè nulla ma paiono assai alla povera donna, sarete contento tenerle e darmene contezza; chè io darò ordine che elle mi sian mandate a Vinegia. E a Vostra Signoria ne sentirò eguale obbligo a quello che farei se elle fossero la dote della contessa Matelda.

A' 21 di Novembre 1534. *Di Padova.*

A MAD. VERONICA GAMBARA.
A BRESCIA.

Non saprei dire a Vostra Signoria, illustrissima signora mia, quanto piacer m'abbiano recato le salutazioni fattemi a nome vostro dal maestro vostro di casa, e le vostre cortesissime e dolcissime lettere; perciò che le infinite cose, siccome questo piacere è stato, non si posson con finite parole pienamente far chiare. Oltre che i diletti dell'animo, che invisibile parte è, tengono per lo più della natura del luogo nel quale essi sono generati, e non si lasciano apertamente in modo alcuno vedere. Ma senza dubbio il mio non aspettare ora sì dolce novella ha fatto crescer la gioia che ella m'ha portata. Rendo

Vostra Signoria di così amorevole ufficio quelle maggiori grazie che io posso; e della memoria che voi così verde dite di me serbare. E sopra tutto vi ringrazio del sonetto così gentile che mandato m'avete; il quale molto più mi onora che io non vaglio, se per avventura nol valesse l'affetto reverente che io v'ho sin dalla mia giovanezza sempre avuto. E perchè mi dite che io il corregga, vi rispondo che egli non ha di ciò mestiere; così è composto vagamente. Pure se del terzo verso si levasse quella voce *cotanti*, perciò che voi non avete fatto prima menzion di male alcuno, al quale quella *cotanti*, che par voce relativa, si dia, crederei che ben fosse. Voi vi penserete. Potrebbesi anco dir così: *Sol duo conforti omai fra molti mali Trovo.* Quanto alla contezza che desiderate avere di me, io mi vivo come io mi soglio nei miei studi, e il più nel tessere la istoria della patria mia, che è non leggier peso e cura; sano e fermo abbastanza per gli anni che io ho. Increscemi della cagione che ha condotto il conte Ippolito figliuol vostro a questi nostri bagni, ma rallegromi dell'effetto in questa parte; chè venendo egli in qua, avete pensato di scrivermi e rallegrarmi e onorarmi sì grandemente. Non ho che mandarvi in iscambio de' vostri preziosi doni; nè si può avere. Mandovi nondimeno la seconda impressione nuovamente fatta delle mie rime, nelle quali leggerete voi stessa più volte, e vi ricorderete di me, che vostro lungo tempo sono stato e sono. State sana.

A 11 di Maggio 1535. *Di Padova.*

A M. Trifon Gabriele.

A' Ronchi.

A quello che mi avete scritto, caro il mio
messer Trifone, sopra la morte della mia Morosina che vi debbo io rispondere? se non
questo, che quello che può in cotali avvenimenti adoperar la prudenza d'un vero e buono e saggio amico e fratello con l'altro, avete voi meco adoperato. Che m'avete allegge-
rito non poco il dolore che io ne avea molto
ragionevolmente preso, umanamente parlando, e non così da filosofo platonico e divino
come avete voi meco ragionato. E conosco
che è bene in sè il non si crescere il danno
e aggiungere al male con lo stemperarsi e
addolorarsi, come dite, nelle cose che frastor-
nár non si possono, e una volta rotte non hanno rappiccatura. E io ho voluto così fare da
me prima che io ricevessi le vostre lettere,
moderandomi col rileggere delle cose che gli
Antichi scritte hanno a consolazion de' suoi.
Ma ciò era poco; e tosto che io lasciato avea
il libro, e alla memoria mi tornava che io
perduto avea il più dolce verso me animo, e
quello il quale via più avea della mia vita cura, e via l'amava e tenea cara maggiormente
che egli la sua medesima non facea, e che
era così moderato e così sprezzante i sover-
chi abbellimenti ed adornamenti, le sete, gli
ori, le gemme, i tesori medesimi, solo solo
contentandosi e tenendosi pienamente felice
dell'amore che io gli portava; e poi quello
animo, il quale era delle più belle e leggia-
dre e dilicate membra vestito, che forse in

queste contrade a questi tempi vedute si siano,
non potea non dolermi e rammaricarmi delle
stelle che e me di lei e lei privata avessero del
godere la sua così innocente vita, e così degna
di bastar sempre (almeno per onorar sola col
suo valore e con la sua bellezza) per tutte le altre donne che vivessero. E così credo che arei
fatto lungamente se stati non fossero i vostri
prudentissimi avvertimenti, e quello sopra
gli altri, dove dite che quanto più bella e
rara cosa è quella che a me pare aver perduta, tanto più debbo di ciò ringraziare il Cielo che a me data l'abbia, potendola ad altrui
aver data, e datala per cotanti anni per quanti ella meco è stata, e non per un brieve spazio, ricordandomi che se vero è quello che
io dir soglio, che nessun vizio sia meno iscu-
sabile negli uomini che ingrato essere de'
beneficii che ha quel tale da un altro uomo
ricevuti (la qual cosa certamente è verissima
e indubitatissima) quanto mi debbo io più
guardare di non esser a N. S. Dio, ingrato di
questo così caro dono che egli fatto m'ha,
come sarei molto più ancora maggiormente,
non solo non ne gli rendendo le devute grazie, ma eziando di lui dolendomi? Perciocc-
chè è uno assai aperto di lui dolersi non
s'accordar col volere della Sua Maestà. Questo
vostro avvertimento, tra gli altri, come io dissi, m'ha chiaramente fatto conoscere che io
quetar mi debbo, siccome io fo, e farò più
pienamente di giorno in giorno, conciossiacosachè ancora che altri conosca dover ciò
fare, non può però così in un punto spogliar-
si gli affetti che hanno col tempo presa forza

nella nostra umanità, dalla quale, mentre viviamo, separare e divellere non ci possiamo. La noia che nel principio delle vostre lettere mi dimostrate aver presa di questa morte, cosa nuova non m'è, sapendo io e quanto voi amavate quella bella e valorosa donna, e quanto eravate amato ed onorato da lei. State sano.

Agli 11 d'Agosto 1535. *Di Padova.*

A M. Bernardo Cappello.
A Vinegia.

La fede che mi fa il vostro grave e dolce Sonetto, che eziandio nelle molte vostre cure e occupazioni domestiche non lasciate d'esser poeta, m'è molto cara e molto grata stata, e di ciò vi lodo grandemente; anzi vi conforto io a dover così fare spesso. Perciocchè e pecca di voi particolare, e comun danno sarebbe che cotesto vostro fiorito e fertile ingegno, dopo i giovenili e nondimeno cari e dolci frutti che egli ci ha per addietro abbondevolmente dati, egli ora, più robusto divenuto, si dovesse e sfrondato e sterile rimanere. Oltre a ciò vi rendo grazie di questa cortesia, che mandiate a me alcuna delle vostre rime, e con essa meco ragioniate di quella materia, della qual nessuna mi può essere o più opportuna o più cara, in quanto e tutti gli altri soggetti mi sono a noia venuti, se non questo; e il mio dolore ancora tale è, che a me fa luogo di amichevole conforto. Della mia grazia, la qual volete che io vi renda, voi poca utilità potrete cogliere; ma ella tuttavia non vi fu giammai da me tolta. Se voi di lei, siccome di cosa di poco valore, avete poca stima fatta, io pure che ne posso? Forse non avea io più di voi meritato, bene e ardentemente amandovi. Il mio giudicio d'jntorno al medesimo Sonetto vostro, che nel fine delle vostre lettere mi chiedete, non avviene che io vi dia, sì perchè egli per sè si dimostra vago e bello e leggiadro sopra modo, e sì perciò che voi n'avete da potere accortamente giudicar tutti gli altri. Nè bisognava che esso a me venisse timidamente, come dite, e tale essendo e ad amico vostro venendo; nondimeno affine che vediate che io ho in grado il piacervi, dico, che io stimo che sia bene che leviate di lui quella voce *moia*, che non par che si dica ornatamente del male. Potrete por nella rima in luogo di lei *noia*, che fia più bella; e agevolmente si potrà il verso rassettar tutto, se vi penserete. State sano.

Agli 11 di Novembre 1535. Di Villa.

A M. Benedetto Varchi.
A Firenze.

Se voi non m' avete scritto buoni dì sono, sì m'avete voi ora scritto cosa che mi giova per molte lettere che io avessi da voi ricevute, scrivendomi e della salute di messer Benvenuto, e dello essere egli giunto in Firenze; le quali amendue novelle mi sono carissime e dolcissime state. E rendo a N. S. Dio grazie che non ha permesso che noi perdiamo sì raro uomo. Rallegratevene con lui a nome mio, salutandolo ed abbracciandolo. Quanto al suo e vostro venir qui a questo carnassale, io ne sono contentissimo, e v'attenderò volentieri, chè ancora che io mi conosca non meritar da voi cotanto, non perciò voglio ritardare il corso della vostra verso me cortesia. Io vi vedrò e riceverò con lieto e fratellevole animo. Le dolci parole che di questa materia sono nelle vostre lettere, mi vi stringono con indissolubile annodamento. Ma di ciò ora non più chè ne potremo insieme un giorno ragionare a bocca. Ho veduto con sommo piacer mio le salutazioni di quelli veramente gentili uomini vostri messer Palla Rucellai, messer Niccolò Ardinghelli, messer Francesco e messer Piero Vettori, e rimango innanzi tratto a messer Piero tenuto infinitamente del testimonio che mi dite che egli fa di me nelle Annotazioni Ciceroniane sue. Il qual testimonio io so non aver da lui meritato, se non si merita bene amando che si può meritare, e meritasi, ma non tanto. Voglio serbarmi a rendernegli grazie quando io arò i detti suoi avvertimenti e scritti veduti, il che mi date speranza che fia tosto. In questo mezzo mi profferrerete a Sua Signoria e donerete senza risparmio. Non ho ancora che dirvi della impression de' miei brievi, e meno delle lettere volgari, chè io sono stato travagliato dappoi che io non vi vidi, per altro conto; ma potrete voi venendo qui vedere e gli uni e le altre, ed io poscia col vostro consiglio potrò meglio diliberar sopra esse. Salutatemi messer Giovan Taddei, e state sano. Ho pregato messer Lorenzo che mi lasci vedere il vostro sonetto sopra la creduta morte di messer Benvenuto. Me l'ha promesso, ma non dato ancora. Un'altra volta e mille, state sano.

A' 28 di Novembre 1535. *Di Padova.*

A M. GIOVAMBATISTA RANNUSIO.
A VINEGIA.

Ritornato iersera da Praia, dove andai per esercizio e per aprir l'occhio, ritrovai le vostre lettere, per le quali intesi la morte della vostra cara consorte madonna Franceschina. La qual novella mi diede quel dolore che ella dovea, amando io voi come onorato fratello, e sapendo per esperienza di quanto affanno ne sieno queste separazioni. Chè quando siamo oggimai vecchi, e più a bisogno ne fa l'aver dolce e fedel compagnia ce ne veggiamo privare, è cosa molto lagrimosa ed acerba. Pure, poichè altro far non se ne può, sarà ufficio della vostra prudenza, che in tutte le altre cose solete usare, accordarvi col voler del Cielo, e darvene pace siccome sono più che certo che farete. Vi avrei volentieri veduto qui per un giorno, siccome mi davate speranza di dover fare, e stimo vi saria stato a profitto l'aprir alquanto l'animo vostro, rinchiuso dal dolore, col riveder gli amici vostri; ma poichè 'l vostro Paolino vi ritiene, pazienzia; fatelo almeno come esso sia libero, chè vi gioverà ed io ne riceverò singolar contento. Messer Michel da San Michele nostro non è venuto: l'aspetto con disiderio. Nostro Signor Dio vi consoli con gli altri vostri. State sano, chè addolorato credo

Bembo.   13

siate assai, e salutate, consolandola a nome
mio, la magnifica madonna Tomaris vostra
madre.

A 10 di Marzo 1536. Di Padova.

A MADONNA LISABETTA QUIRINA.
A VINEGIA.

Ho due graziosi doni da voi ad un tempo, valorosa madonna Lisabetta non meno
di carissima sorella da me onorata ed amata,
nè io per me so dire quale di loro mi giunga
più caro; l'uno è la medaglietta della Salute
Augusta, la quale io assai disiderai d'avere,
che è bella quanto veruna altra che io di
quella immagine veduto abbia giammai, l'altro è la vostra dolce e cortese lettera, che ben
chiaro dimostra che non avete men bello di
voi l'anime che il corpo, che così grazioso
e piacevole e pieno di dolce maraviglia vi donò il Cielo. De' quali amendue doni quelle
grazie vi rendo che io posso maggiori, e tanto ancor più quanto e dell'uno di loro non
dubito che egli costo non vi sia più danari
che io non vorrei, e l'altro ha superato ogni
mia credenza, in quanto ancora che io vi conoscessi di leggiadrissimo ingegno, pure non
arei agevolmente stimato che aveste così pura e bella e gentil maniera nello scrivere,
come io vi veggo avere. Di che mi rallegro
grandemente con voi; e piacemi che io abbia, appresso alle cotante altre, questa dolce e
piena cagione d'amarvi e d'onorarvi alquanto più ancora che io non credea; come che
io di voi e della vostra virtù sempre credetti

tutto quello che di chiara ed illustre donna e di rarissimo esempio credere ed istimare si dee per ciascuno. Ma quanto alla medaglietta, io ho eziandio un altro obbligo con voi; chè dove a me bastava che voi adoperaste col buon Marsilio che io avere la potessi in compera da colui di cui ella era, e voi ora la mi donate, nè di prezzo alcuno fate parola nelle vostre lettere, che di vero è stata soverchia cortesia: ma di ciò mi riservo a farne ammenda quando che sia. Dunque potete da voi estimare di quanto io per tutti questi conti tenuto vi sono. Al magnifico vostro consorte ed a messer Pietro vostro figliuolo, le salutazioni de' quali io ho ricevute lietamente, mi raccomanderete, e starete sana. Io del mal mio del piè, che ancora più mi disagia che tormenta, spero in brieve esser libero, poscia che da voi m' è venuta la salute, chè da così gentil parte non può esser venuta indarno.

A' 5 di Giugno 1537. Di Padova.

A M. LODOVICO BECCATELLI.
A ROMA.

Ho veduto assai chiaramente la vostra dolce amorevolezza verso me nella lettera scrittami sopra la morte di quel santo e benedetto giovane di monsignor di Fano, il quale ho pianto più volte con quel vero dolore d'animo che all'amor che io gli portava si convenia, anzi era necessario che io sentissi. Io non vidi mai a' miei dì giovane di più dottrina, di migliori e più santi costumi, di maggior senno, di più elevato ingegno, di più vera gravità, e in fine di maggiore speranza di lui; e per queste condizioni l'amava io come me stesso. Dunque se io perduto l'ho così tosto, potete agevolmente estimare che io ho di questa perdita sentito incomparabile cordoglio. Ma a che fine di ciò in questo a voi? Dicolo per dire alcuna cosa, non per dire necessaria cosa veruna; e dicolo più con le lagrime nel petto che con questa penna. Procaccierò ad ogni modo di onorare in alcuna guisa la sua gloriosa anima, che tengo per certo che sia gloriosissima. Per ancora non ho potuto badare a ciò, occupatissimo nella mia usata scrizione, benchè, per dirvi il vero, o sia il dolore che io sento quando io a ciò penso, o pure la divinità di quello spirito, non mi vi sento come vorrei pronto, parendomi fare ingiuria al suo valore a non lo lodare abbastanza, come so certo non potere. Felicissimo lui che così belli e rari doni ebbe dalla natura in questa vita, e con tanto ardore e vera pietà cristiana se ne partì rendendo l'anima al suo Creatore in quel luogo e tra quelle persone che più furono da lui amate ed avute care. Ma non più di questo per ora.

Piacemi che messer Filippo sia con voi in casa di monsignor reverendissimo Contarino, e abbiate posto messer Vincenzio al servizio del reverendissimo Polo. Se essi seguiranno avanti a farsi bella via con le lettere e co' buoni costumi al meritar degli onori e delle altre cose, potranno ancora amendue stare a buone speranze in cotesta corte, massimamente sostenuti dal favore e dall'autorità di così buoni e gran Signori come questi due sono a' quali gli avete appoggiati. A che mi pare messer Filippo aver già dato bello e grande principio, come da una sua epistola scrittami a questi dì ho compreso. Il Signor Dio doni grazia all'uno e all'altro di seguitar le orme del loro onoratissimo e singolarissimo fratello. Veggo di quale aiuto e sostegno sete a quella poco avventurata famiglia: state sicurissimo di dover riportar di cotesta vostra pietà e carità merito in Cielo e gloria appresso gli uomini, ed io fra gli altri ve ne sento e sentirò perpetuo obbligo. Sarete contento basciar la mano in nome mio a monsignor reverendissimo Contarini, e salutarmi messer Giovanni della Casa e messer Gio. Agostino. Messer Federigo, messer Cola e messer Flaminio vi si raccomandano. State sano.

A 5 di Gennaio 1538. Di Padova.

A M. Cosmo Gerio Vescovo di Fano.
A Fano.

Ho avute le vostre due dotte e amorosissime epistole, Monsignor mio buono e caro, ed holle vedute con quel piacere che Vostra Signoria può da sè stimare senza che io ne favelli. Piacemi che abbiate così bene maritata vostra sorella, la qual cosa non suole essere a' buoni fratelli di poco soddisfacimento. Piacemi eziandio che abbiate ritrovati i vostri in Fano, quali speravate o disideravate, e che in Fano abbiate modo e bella agevolezza all'ozio e al negozio vostro. E sopra tutto m'è piacevole e dolce e caro che visiate fatto gagliardo e forte, e abbiate col cavalcare e altro esercizio mandata via la vostra debolezza di questa state passata. La qual cosa mi fa credere e sperare che vi manterrete così lungamente, anzi piuttosto augumenterete in quel sito e in que' piacevolissimi colli la sanità e le forze e la abitudine buona e soda vostra. Arei avuto carissimo che aveste conosciuto monsignor Sadoleto in Fano, e tanto maggiormente l'arei caro avuto quanto esso ora è fatto maggiore e più reverendo che egli non era: il che m'è stato una delle più care cose che io da buoni anni in qua udito abbia. Messer Cola ringrazia Vostra Signoria del saluto suo, e così i miei fanciulli l'uno e l'altra, che a lei fanno molta riverenza fin di qua. Torquato manderò io, come prima il tempo, che qui è aspero molto, si raddolcisca, e messer Lampridio. Ho scritta questa così stracco di scrivere latinamente a Roma questi giorni, parendomi con voi non potere errare in modo alcuno. Io sto bene; la mia istoria va crescendo; la memoria di Vostra Signoria è meco ogni dì più fresca e più verde, nè meco solamente o nelle mie case, ma parimente in tutta questa città. Goro segue nello Studio, e messer Cola gli legge con molta diligenza una lezione ogni dì, oltre quello che egli ode da messer Lazzaro. State sano, e amateci che sete sommissimamente da noi amato.

A' 6 di Gennaio 1538. Di Padova.

A M. Pietro Lippomano Vescovo
di Bergamo.
A Bergamo.

Ringrazio tutta la fatica che io ho già posta in far l'aceto squillitico poichè egli è cagion che io ho veduto lettere vostre. Ben mi doglio che al venir vostro ultimo qui io non vi potessi vedere, chè son manco d'un gran piacere e d'una grande soddisfazion mia. Ma poi che Vostra Signoria mi dà speranza che io l'abbia a vedere in Vicenza, sopporterò questa noia più pazientemente, aspettando quel tempo, il qual tempo Dio voglia che sia tanto vicino quanto pare. Quanto allo aceto, dico a Vostra Signoria che io l'ho fatto secondo un capitolo che è intitolato il Galeno nel fine del libro περὶ ἀντιδότων. Nel qual capitolo si narrano miracoli di queste aceto; i quali miracoli nel vero io non ho riconosciuti in lui, e parmi siano tutte ciancie, e credone quello che ne credono i più dotti e più esperti di quelle autore che non sono io, che quella scrittura non sia di Galeno. Certo gli effetti non rispondono. La qual cosa tanto più si dee credere, quanto Galeno medesimo nel libro περὶ φλεβοτομίας πρὸς Ἐρασίστρατον, nella fine del libro parla di questo aceto, e fallo ad un altro modo, e non ne dice quelle tante pruove che si raccontano nel capitolo predetto. Onde io non voglio che Vostra Signoria si fidi in quella scrittura di che mi sono fidato io, e non la consiglio a farlo pigliar all'amico suo, chè egli ne potrebbe rimanere ingannato: ma come che sia, non è da darlo a persona che non abbia molta carne. Dioscoride ne fa un capitolo egli, nel quale c'insegna a farlo, e dice le sue pruove, e tralle altre, che egli giova a' melanconici. Questo è quanto ne posso dire a Vostra Signoria. Del fatto io non ne ho, chè sono più di sei anni che non ne ho rifatto niente. Resta che io in buona grazia di lei mi raccomandi.

A' 22 di Febbraio 1538. *Di Vinegia.*

A CONSALVO FERNANDO DI OVIEDO E DI VALDES CASTELLANO NELLA FORTEZZA DELLA CITTA' DI SAN DOMENICO NELL' ISOLA SPAGNUOLA.

Vidi la risposta di Vostra Signoria fatta a messer Giovan Batista Rannusio secretario della nostra Repubblica, d'intorno al dubbio che io gli avea mosso sopra le sette mila leghe che si accorcierebbono per condurre le speciarie, se si potesse passar quel poco di stretto che Vostra Signoria dice della terra ferma delle Indie occidentali, che è dal luogo detto il nome di Dio alla città del Panama sopra il mare del mezzo giorno; ed emmi piaciuta la risoluzion vostra e le ragioni che rendete a quella apparenza. Ho ancor letta la vostra Istoria sopra le Indie, nella quale non solo ho scorto la maraviglia delle cose non più udite di quelle regioni che vi si raccontano, ma oltre a ciò ancora molta dottrina e molta prudenza vostra nelle misure del cielo e della terra e de' suoi siti: le quali tutte, raccolte e sparse per lei, faranno la detta istoria, siccome io stimo, peravventura la più grata che sia giammai venuta a mano ed a lezion degli uomini. Di che ho voluto ora rallegrarmi di ciò in questa poca carta con voi, e proferirmivi disideroso di servirvi. Nè meno mi son rallegrato più volte meco medesimo con la maestà dello imperador vostro signore, a cui torna tutta questa gloria, poichè ha eletto voi a tale opera, senza la quale non si potrebbe ben conoscere la grandezza e la utilità di così nuova e magnanima impresa, e le dure e disagevoli bisogne, ed i poco meno che impossibili intraprendimenti e ardimenti dei suoi ministri mandati a bello ed onorato fine di tempo in tempo. Della quale vostra opera e fatica prenderanno profitto tutti quelli che di ciò vorranno o ragionare o scrivere per lo innanzi, siccome ho preso io; chè avendomi già alcuni anni la patria mia dato carico di scrivere latinamente la istoria delle cose sue, v'ho innestata brievemente la somma di cotesti vostri scoprimenti del nuovo mondo e delle sue Indie l'une e l'altre, venendo ciò a proposito necessario a sapersi. Non so quanto io sia buono a far per Vostra Signoria, ma come ciò sia, la priego a conoscermi per suo ed a comandarmi. Nostro Signore Dio sia sempre vostra guardia. State sano.

A' 20 d'Aprile 1538. *Di Vinegia.*

A Madonna Elisabetta Quirina.
A Vinegia.

Voi potete oggimai, leggiadra e valorosa madonna Lisabetta, vedere quanto malagevole impresa sia il volere a voi e di voi scrivere; quando è avvenuto, che questi miei pochi versi cotanto penato abbiano a pigliar forma e stato, ed a voi più volte venuti siano e mostratisi ora in una maniera ed ora in altra, prima che io appagar di loro mi sia in parte alcuna potuto, e detto pure un poco liberamente che essi con voi si dimorino ed alla memoria vi rechino tal volta quanta osservanza e affesione è quella che io dai caldi raggi della vostra somma bellezza e somma virtù acceso vi porto. La quale affesione ogni dì più accrescono i vostri nobilissimi costumi, che chiaro mostrano che meritavate di nascere più tosto reina dell'Europa e dell'Asia, che alla parte di questa nostra cittadinanza. Oltra che non hanno meco fine nessun giorno le vostre cortesie, le quali e in numero sono spesse e in qualità grandi e rare; siccome è stato il dono della bellissima testa di marmo antica (e non di meno tutta intera col petto e col pedale, da riporla, ove che sia, nella guisa che soleano i buoni Romani riporre e conservar le immagini de' loro maggiori), che fatto á questi dì m'avete. Di che vi rendo immortali grazie, e dicovi, che io non potea ricever cosa di pregio veruno così grande che più cara mi giugnesse e maggior diletto e diporto mi recasse di

questa: la quale io serberò tra le altre cose
antiche che io ho, per la più veneranda che
io ci abbia, sì perciò che ella da sè per la sua
eccellenza e perfezion di maestria il vale, e
sì ancora in quanto io tante volte non la rivedrò che sempre della donatrice non mi
sovvenga: al qual sovvenimento nessuna mia
domestica gioia e dolcezza agguagliar si potrà, che io mi creda, giammai. State sana.

A' 10 di Maggio 1538. Di Vinegia.

A D. Gregorio Cortese abate
di s. Benedetto nel Mantovano.

Sommi in quella parte rallegrato della
nuova cura datavi dalla Religion vostra della
Badia di san Benedetto, che ella è il primo e
più onorato luogo ed il maggiore che la detta Religione abbia, e molto degno della vostra
bontà e prudenzia. Come che in questa parte
io non possa non aver preso molestia, chè
veggo per ciò voi dalle nostre contrade, nelle
quali io vi vedea e potea vedere più agevolmente e più spesso, fatto lontano. La qual
lontananza, poscia che tanta non è che io non
isperi poter venire a vedervi, compensando
la mia incomodità con l'onor vostro e con
l'utilità dell' aere che costì arete migliore
che quello di Praia non era, N. S. Dio rin-
graziandone, rimarrò contento di ciò che S. M.
di voi ha ordinato che sia, ed in questo mezzo tempo la penna tempererà il desiderio
mio, e visiterovvi con lettere, se non crederò
esser con loro alle contemplazioni o pure a'

pensieri ed alle cure vostre molesto. Siccome
ora fo, spinto in parte dall'amore che io a
messer Lorenzo Massolo ed a madonna Isa-
betta Quirina porto, de' quali avete in cotesto monistero così caro pegno, come natural-
mente convien che sia un loro unico figliuolo, nel quale riposti hanno tutti i loro pensieri, non guari meno a questo tempo che
egli alla Religione e a Dio s'è donato, che se
egli nella loro casa fosse; e disiderano sopra
tutto che gli sia dato da Vostra Signoria modo da spendere quella maggior parte delle
sue ore, che si può, nelle buone lettere, alle
quali egli è già inviato con l'animo e con lo
studio suo. Al qual loro disiderio veggono essere stata opportunissima la elezione della persona vostra in quel governo che avete sì lungo tempo nelle buone lettere e latine e greche posto, e sì buon frutto coltone, come avete. E certo se io non istimassi che ogni priego fattovi sopra ciò fosse più che soverchio,
(chè non potete agevolmente disiderio in voi
avere alcuno, dopo quello dello acquisto della
divina grazia, che più adoperi di questo, che
i vostri monaci divengano e dotti e scienziati, siccome sete divenuto voi), io vi pregherei
con tutto l'affetto del mio animo ad avere a
quel giovane risguardo in donargli ogni agevolezza da poter mandare innanzi profittevolmente il suo studio, massimamente perciò che io ho inteso che suole la Religion vostra dispensare i due primi anni de' vostri
monaci in ogni altra cosa più che in questa.
Ma non mi pare che bisogni ciò fare, chè da
voi stesso conoscete quanto sia giovevole e

profittevole che la fanciulla e giovane età si
spenda in apparar le buone lettere e le buone arti. E come che io così stimi per abbondanza del mio amore verso loro, e sopra tutto
verso quella buona e valorosa madre che
sommamente disidera che il suo figliuolo sia
da voi adagiato in ciò, quanto più posso e
vaglio con voi, vi priego a farla di tale suo onesto disiderio contenta. Che non solo il padre ed ella, ma io ancora insieme con esso
loro ve ne sentiremo eterno obbligo; nè ci
potrete tutti maggiormente astrignere alla
vostra cortesia che con questa opera. State
sano.

A' 25 di Giugno 1538. *Di Vinegia.*

A M. FLAMINIO TOMAROZZO.
A PADOVA.

Io ho avuto per lo più caro amico e fratello che aver si possa per alcuno, messer Girolamo Savorgnano; il quale è stato molto raro e singolar gentile uomo della patria nostra,
e pieno di gran valore e di gran virtù ; ed
era il più grande, quando egli morì che non
sono molti anni, che fosse in Utine patria sua
ed in tutto il Frigoli. Era oltre a questo mio
compare. Ora i costui figliuoli io gli amo come miei figliuoli, e disidero il ben loro quanto il mio medesimo. Questi hanno a proporre
una loro causa di certa giurisdizione *juris patronatus* delle chiese negli loro castelli, dinanzi ad alquanti di cotesti signori dottori e leggenti di Padova. Sarete contento trovare l'eccellentissimo messer Mariano Sozzino, che è

uno di quelli che ha a far questo giudizio, e pregarlo per parte mia che se mai esso è per farmi alcun piacere in questa vita, voglia avere per raccomandata la giustizia di questa illustre famiglia, e arditamente difenderla con l'autorità e dottrina sua in questa causa. Io parlo così liberamente perchè so che la ragione è dal canto loro. Tutto quello che Sua Eccellenza farà e dirà in favor loro, io riceverò per fatto e donato a me medesimo, nè mai verrà tempo che io me lo scordi. Farà in questo Sua Eccellenza parimente piacere al magnifico messer Niccolò Tepolo, il quale ebbe per moglie una figliuola del detto messer Girolamo, e sorella di questi fratelli. Tutto questo che io vi scrivo direte a Sua Eccellenza, e scrivetemi quello che ella vi risponde, molto molto a lei con tutta la industria vostra raccomandandomi. State sano.

A' 30 d'Agosto 1538. *Di Vinegia.*

A M. Torquato Bembo mio figliuolo.
A Mantova.

Io vorrei udire che attendesti ad imparare più volentieri che non fai, e che pigliasti quel frutto dello avere messer Lampridio a maestro che dei, pensando che hai tu più ventura che tutto il rimanente de' fanciulli della Italia, anzi pure di tutta l'Europa; i quali non hanno così eccellente e singolar precettore, e così amorevole come hai tu, se ben sono figliuoli di gran prencipi e gran re. Non perdere il tuo tempo, e sia certo che nessuno divenne mai nè dotto nè degno nè pregiato chè non si faticasse assai e con molta assiduità e constanzia. Oggimai tu sei fatto grandicello, e dei avanzare non meno in dottrina e buoni costumi ed accortezze, che in età ed in persona. Se penserai quanto la virtù e le buone lettere sono estimate da tutti gli uomini, e fanno più amati ed onorati dal mondo quelli che le hanno, degli altri che non le hanno, tu ti faticherai per essere e dotto e virtuoso: e di queste tue fatiche l'utile ed il guadagno fia solo il tuo, chè niuno torre il ti potrà, come ti potrebbono esser tolte tutte le altre cose che io ti lasciassi o potessi lasciare. Risvegliati oggimai che n'è il tempo, ed accenditi a quello che può darti molto bene e molta felicità, se lo saprai conoscere ed abbracciare. Sta sano ed ingegnati d'essere e umano e riverente e riposato, e raccomandami alla signora Duchessa.

Ai 10 di Novembre 1538. Di Vinegia.

A PAPA PAOLO III.
A ROMA.

Essendo io nuovamente fatto certo, Vostra Santità avere alcuna volta pensato alla mia esaltazione, m'è paruto debito della antica divozion mia verso lei, basciarnele il santissimo piè con questi pochi versi, ringraziandonela di così benigno giudicio suo. Del quale suo giudicio quanto io più indegno mi conosco, tanto maggiore sento esser l'obbligo mio verso di lei; perciocchè niuna cosa arei potuto sentire in questa vita che tanto mi fosse stata cara, quanto è suto questo testimonio del suo larghissimo e cortesissimo animo verso di me. Nè voglio tuttavia negare che non mi abbiano allo incontro alcuna molestia recato i non buoni ufficii di coloro che, ingiustissimamente accusandomi, si sono opporre voluti al suo benefico giudicio. Dalle calunnie de' quali così fosse piaciuto al Signor Dio conservarmi puro e intatto per lo passato, come da molto tempo in qua, per dono della sua santissima grazia, m'ha conservato e conserva tuttavia, a gloria del suo beatissimo nome ed a confusione di chi altramente giudica. A' quali io nondimeno volentieri perdono; e priego la Divina Maestà ad esser contenta perdonar altresì questa così fatta operazion loro, inspirandogli per lo innanzi a maggior carità verso il prossimo loro, che essi avuta non hanno infino a qui. Resta che io torni a basciare il Santissimo piè di Vostra Beatitudine, e ad offerirle questi pochi anni di vita che mi avanzano a qualunque opera e servigio dove la sua infinita prudenza e benignità gli giudicherà potere essere a profitto suo e di cotesta santa Sede.

A' 28 di Dicembre 1538. Di Vinegia.

AL CARDINALE FARNESE.
A ROMA.

In molte cose molte altre volte ho conosciuto l'amore che Vostra Signoria mi porta, e la benigna e cortese sua natura verso me; ma ora l'ho veduta vie più apertamente che giammai, e in maggiore e più onorata opportunità e bisogno. Perciocchè avendo io inteso dal mio messer Carlo Gualteruzzi Nostra Santità questi dì avere avuto in pensiero e in animo di crearmi a Cardinale, volendone fare uno a soddisfazion di questa Repubblica, ho chiaramente compreso cotesto tutto in gran parte addivenire ai prieghi e persuasione di Vostra Signoria. Della quale sua cortesia le ne sento sì infinito obbligo che non ho parole bastanti a potergliele dimostrare; laonde ringraziandonela ora con questa poca carta nudamente e semplicemente, come io posso, serberò nel mio animo la gran somma di questo debito, con fermissima volontà di servirla per tutto il tempo che io ci viverò; di maniera che se io non ho maggiori le forze di quello che io le sento, almeno si paia, ed il mondo conoscer possa, che io al suo così liberale animo verso me, e così in sè valoroso e sublime, non mi renda nè sconoscente nè ingrato. Di quelli che a questo tempo m'hanno appresso Nostro Signor calunniato non mi dorrò con Vostra Signoria, estimando che ella da sè conosca quanto in questa mia età possano esser vere le loro riprensioni. Io, lodata ne sia la Divina Bontà, mi vivo in quella maniera che dee vivere uno, il quale per la sperienza di molti anni sa che alla vecchiezza non si perdonano quegli errori e quelle trasgressioni che si concedono alla giovanezza, e il quale ancora, soverchiamente sazio delle varie cose del mondo, si studia e sollecita di far profitto nelle onorate, per finire con più lodevole atto la commedia della sua

Bembo.   14

vita : alla cui recitazione ho questa grande e popolosa città per teatro, che ne può dare ampio e autorevole testimonio. Rendo a Nostro Signore con la qui inchiusa quelle semplici grazie che io ora posso della sua cotanta benignità e cortesia, supplicando Vostra Signoria ad esser contenta, quando ella andrà a Sua Santità, porgergliele di sua mano, se la preghiera mia non è superba ; acciocchè quello che alla lettera manca per mia debolezza, le doni la grande autorità di lei con Sua Beatitudine, e gliele faccia grata e accettevole quella mano che gliele porgerà : la quale io insin di qua inchino e bascio.

A 28 di Dicembre 1538. Di Vinegia.

A M. VITTORIA COLONNA MARCHESA DI PESCARA.

A ROMA.

Mando a vostra Signoria le allegate del nostro molto reverend. frate Bernardino, il quale io ho udito così volentieri tutti questi pochi dì della quadragesima che non posso abbastanza raccontarlo. Confesso non avere mai udito predicar più utilmente, nè più santamente di lui, nè mi maraviglio se Vostra Signoria l' ama tanto quanto ella fa. Ragiona molto diversamente e più cristianamente di tutti gli altri che in pergamo sian saliti a' miei giorni, e con più viva carità ed amore, e migliori e più giovévoli cose. Piace a ciascuno sopra modo, e stimo che egli sia per portarsene, quando egli si partirà, il cuore di tutta questa città seco. Di tutto ciò si hanno immortali grazie a Vostra Signoria che ce l'avete prestato; ed io più che gli altri ne le sentirò eterno obbligo. Non sono potuto rimanermi di dirvene queste poche parole. Vostra Signoria stia sana e mi tenga per molto devoto alla sua vertù.

A 25 di Febbraio 1539. Di Vinegia.

ALLA MARCHESA DI PESCARA.
A ROMA.

Troppa cura si piglia dell'onor mio Vostra Signoria, e troppo vi faticate per me che nulla ho meritato con voi, siccome da messer Flaminio novellamente ho intesa. Io non debbo far fine, nè farò mai, di rendervene immortali grazie; chè so bene quanto l'autorità della grande ed infinita bontà vostra, ed il valore del vostro generosissimo animo dee potere in ogni alto luogo. E stimo che non possano i miei calunniatori, a' quali però io perdono, macchiarmi e nuocermi appresso verun giudice a cui Vostra Signoria mi parghi e mi difenda; ma vi priego che lasciate che Nostro Signor Dio, che sa quello che dee ben mio essere, governi egli questa bisogna, come alla Sua Maestà piace; e fo Vostra Signoria di questo sicura, che tutto ciò che ne avverrà io riceverò da lui per lo migliore e ne gli renderò piene grazie. Io non cercai mai d'essere cardinale, e se io n'ho a dir più oltra il vero, nè anco disiderai. Non voglio già negarvi che la buona opinione che ha Nostro Signore di me avuta non mi sia gratissima stata, e più ancora perciò che io non l'ho nè mendicata nè ricercata, che per altro; ma non mi pento tuttavia di questo mio picciolo e basso stato, se non in quanto io N. S. Dio non serva, come dovrei. Ma ciò nell'animo mio sta, non nella mia fortuna, e posso a Sua Maestà servire così in questo stato come in altro. Ragiono con Vostra Signoria come ho ragionato questa mattina col reverendo padre frate Bernardino, a cui ho aperto tutto il cuore e pensier mio, come arei aperto dinanzi a Gesù Cristo, a cui stimo lui essere gratissimo e carissimo, nè a me pare aver giammai parlato col più santo uomo di lui. Sarei ora in Padova, sì perchè ho fornito una bisogna che m' ha tenuto qui più d'uno anno continuo, e sì per fuggir le dimande ed i ragionamenti che mi sono tutto 'l dì fatti da questi gentili uomini ed amici miei e parenti sopra questo benedetto cardinalato, se non fosse che io non voglio lasciar d'udire le sue bellissime e santissime e giovevolissime predicazioni, ed ho diliberato starmi qui mentre ci starà egli. Stia sana Vostra Signoria, e me tenga nella sua buona grazia.

Ai 15 *di Marzo* 1539. *Di Vinegia.*

A PAPA PAOLO III.
A ROMA.

Che la Santità Vostra m'abbia eletto nel Collegio de' Cardinali, non solamente nol richiedendovi io, ma nè anche pensandolo, e che a questo fine ella m'abbia mandato con molta diligenzia messer Ottavian Zeno suo cameriero con le sue umanissime e onoratissime lettere e con la berretta, sacra per le mani di Vostra Beatitudine, ve ne rendo immortali grazie, e renderò sempre mentre averò vita e spirito. Perciocchè io non veggio cosa che mi si potesse dare a questo tempo d'onde gli uomini potessero avere migliore opinione di me; o veramente, che dovesse riserbare per tutta la memoria delle genti più chiaro il mio nome, o che più atta e accomodata fosse a giovare al mondo, di questa dignità e grado donatomi da Vostra Beatitudine. Laonde fo maggiore stima ed ho senza fine più caro e grato, che la Santità Vostra, persona sopra le altre di cotanta autorità, m'abbia giudicato degno di così onorato ed alto luogo, che tutte le ricchezze e potenze dei grandi re, e tutte le altre fortune che dare mi si potessero. Che se gli uomini dotti e sapienti tengono per fermo che si debba connumerare fra le maggior glorie le essere laudato ed onorato da coloro che per se medesimi sono e laudati e onorati insiememente, voi, Padre Beatissimo, che sete tanto alto sopra gli altri uomini, essendo vicario di Cristo qua giù in terra, avendomi stimato meritevole di cotanto dono, questo con quale ornamento di laude e di gloria s'averà egli da comparare? Per la qual cosa non potendo io, per la lontananza, basciare i piedi a Vostra Santità, ho reverentemente basciato le sue lettere, pregando N. S. Dio che mi doni grazia di poter adoperare questa dignità ad onore e gloria della sua santa Chiesa. Ma poi che io da così felicissima novella fui

ritornato alquanto in me, e giudicando molte
picciole le mie forze, sì quelle dello ingegno
per la tardezza della mia natura dalla quale
sono molto impedito, come quelle del corpo
per la molta vecchiezza, ho temuto grandemente che Vostra Santità non m'abbia col
suo giudicio dato a portare assai più peso di
quello che io con ogni mia diligenza e studio
e fatica possa sostenere; massimamente in
questo molto difficile e molto incomodo tempo alla Repubblica Cristiana, vedendosi per
tante dissensioni e discordie de' nostri cristiani, e per tante guerre de' barbari, il mondo essere tutto sottosopra ed in travagli. Perchè facilmente ciascheduno nel mare tran-
quillo e quieto tempera e governa la vela della sua nave ed alla dritta seguita il disiderato
cammino, ma in una gran fortuna e tempe-
sta, mentre che i venti soffiano e incrudeli-
scono insieme, è bisogno grandemente d'un
governatore che sia forte ed esercitato molti
anni in quell' arte, che tale non mi sento essere io. Ed avendomi tenuto questo timore
un buon pezzo sospeso, ho finalmente pensato, che se io a Vostra Santità darò tutto
quello che sarà in me di fede, di amorevolezza e di osservanza, ella per sua infinita
umanità volentieri estimerà che io abbia fatto assai del mio debito, e mi escuserà con
quella benignità che ella suole usare verso i
suoi servi. Ora da questa speranza confortato,
e rivolgendomi alla larga e profusa liberalità
di Vostra Beatitudine, questo solo le rispondo: Che io farò ogni opera, e con l'aiuto della
Divina Maestà la quale non ricusa le giuste

preghiere ed oneste domande degli uomini, procurerò in ogni tempo, che avendo Vostra Santità tanto amorevolmente giudicato di mé, ed avendomi dato cotanta dignità, non vi pentirete giammai. Della mia venuta a Vostra Beatitudine, la quale ella scrive che io solleciti, e delle altre cose che messer Ottavian predetto per nome di Vostra Santità m'ha rapportate, io farò siccome ella vuole: la quale stia sana e felicissima lungo tempo. A' 30 di Marzo 1539. Di Vinegia.

Al Cardinal Farnese.

A Roma.

Io credea bene essere da voi amato, chè veduti ne avea molti chiari argomenti e segni; ma sì caro esservi, che voi aveste a pigliar cura di farmi eleggere a cardinale dal Santissimo e Beatissimo vostro avolo, ed a questo fine molte noie e molte fatiche imprendere, io non arei già creduto, sapendo che io nè avea alcuna dimestichezza con voi avuta, nè potea con alcuna mia operazione e studio aver da voi sì altamente meritato, come è alto questo dono che ora da voi ricevo. Per la qual cosa potete da voi comprendere, senza che io il dica, quanto infinito è l'obbligo che sentire ve ne debbo, e sento e sempre sentirò mentre arò vita e spirito: il quale obbligo tuttavia è ancora maggiore divenuto per la dolcezza che recata m'hanno le vostre lettere e le onoratissime parole che m'ha a nome vostro fatte messer Ottavian Zeno cubiculario di Sua Santità, con le quali di questo

medesimo innalzamento, nato da voi della
mia dignità e stato, così affettuosamente meco vi rallegrate, come se io fossi uno de' vostri domestici, e più a voi per sangue con-
giunti e cari. Di che tutto, che sì gran somma fa che nulla altra così grande può essere,
rendo al vostro benefico animo quelle maggiori grazie che io posso, e priego N. S. Dio
che poscia che voi cotanto fatto per me avete, egli a me doni di potermi a voi così grato
almeno con la mia volontà dimostrare, come
voi vi sete a me con le vostre opere cortese e
liberale dimostrato. Tanto vi posso io sicuramente promettere, che di me arete buono e
fedel servo, e questa vita, che per cagion di
voi molto più onorata mi rimane che ella per
addietro non è stata, mi fie per rispetto vostro altrettanto, quanto per mio, cara. E se
la mia vecchia buccia e spoglia dai vostri giovani anni è lontana, non saranno per avventura così dall'altezza del vostro animo lontani i pensieri del mio, i quali sempre ad ogni
alta impresa intenderanno per piacervi, nè
stanchi o sazii giammai si sentiranno di stu-
diosamente per voi e d'intorno a voi girarsi
e sollecitarsi. State sano, generosissimo e cortesissimo Signor mio.

All'ultimo di Marzo 1539. *Di Vinegia.*

A M. Girolamo Fracastoro.
A Verona.

Quanto io sono più da voi amato che per avventura da veruno altro che m'ami e caro m'abbia, tanto ho da esso amor vostro più cara e più dolce lettera ricevuta, tra le molte di molti che a questi dì scritto m'hanno per la cagione che ha voi mosso a scrivermi, onoratissimo il mio messer Girolamo e cortesissimo: Ed era forse così richiesto non solo all'amore che mi portate, ma ancora alla usanza e costume vostro per lo addietro tenuto; chè se io ho da voi altra volta ricevuto il maggiore e più illustre dono ed il più prezioso e più da me estimato e pregiato che tutti gli altri doni che io ho giammai avuti da tutti gli altri uomini insiememente non sono, il Poema dico latin vostro così chiaro e così raro, era e verisimile e conveniente, chè io ricevessi anco ora da voi la più amorevole di gran lunga e dolce e soave e cara prosa volgare che io abbia letta in questa occasione, ed a questo tempo. Nè toglie la sua vaghezza il vostro inganno di giudicar di me molto sopra il vero, o di sperar vie più che io prestar non posso; chè l'uno e l'altro sono d'ardente amore inganni e di dolcissima natura segni, siccome in voi e quello e questa sono. Ed io, che so di chente somma v'ingannate, non solamente ve ne scuso, anzi vi rendo io di cotesta dichiarazione vostra, dell'allegrezza che avete della mia novella dignità presa, con le vostre soverchie lodi e troppo favorevole giudizio accompagnata e

mescolata., le grazie tanto ancora maggiori
e più immortali, alla cagione che mosse la vostra penna più che alle sue note risguardando. Donimi N. S. Dio, dalla di cui volontà si
dee credere che tutto questo avvenuto sia,
tanto della sua grazia che io a voi possa,
quando che sia, grato ed amorevole dimo-
strarmi. State sano.

A'13 d'Aprile 1539. *Di Vinegia*

A M. GIOVAMMATTEO BEMBO MIO NIPOTE.

Magnifico figliuolo. Di quanta consolazione mi siano stati i magnanimi e prudenti portamenti vostri nelle richieste ed as-
salto di Barbarossa, so che, senza che io il dica, da per voi arete giudicato. Tuttavolta per
dirvi anco due parole, vi dico che ancoraché
io sempre abbia fatta ottima estimazione del
buon animo e della virtù vostra, in ogni
modo avete superato la espettazion mia; onde a me non è stata cosa molto nuova che
abbiate superato anco quella di tutta la nostra patria. Dalla qual patria se non sete stato onorato, come meritereste e come già tutto il Collegio aveva deliberato di fare alle
prime nuove della espulsion dell'inimico fatta per voi, non ve ne doverete grandemente
maravigliare, considerato l'usanza delle re-
pubbliche, nelle quali sempre vive e viverà
la emulazione e la invidia. Ma contentatevi
di questo, che da ora innanzi non vi manche-
ranno tutti quelli onori che potete onestamen-
te desiderar da lei, e che sete tanto laudato

e levato fino al cielo da ognuno, che non è alcuno tanto amato da un altro quanto pare che siate voi da tutti. E quelli medesimi che v'hanno invidia e non vorrian la esaltazione vostra, se pure alcuno ve n'è, parlano di voi con somma ed immortal làude. Tra tutte le cose fatte da voi sono celebrate per le più belle, le risposte savie che avete fatte a Barbarossa, e confessano quelli medesimi che reggono la Repubblica, che averiano fatto tre Pregadi con molte dispute sopra, prima che ne avessero saputo far una così bella, come le vostre. Avete sopra tutto risuscitata quella povera di Marcella, che vi so dire stava fresca con queste nuove, che andavano di bocca in bocca! Or lodato ne sia il nostro Signor Dio che vi ha dato tante virtù, che io sempre ne gli renderò grazie. So che per questo non vi moverete del vostro passo, nè userete alterezza, o altra novità, come sogliono molti delli nostri molto spesso fare; e riconoscendo ogni cosa da Dio, e non da voi, vi manterrete questo buon nome ed illustre che vi avete acquistato, con modestia e prudenza e dolcezza, secondo l'uso della natura vostra. Io aspetto nuove da Roma per sapere quando mi debbo metter in via per andar a N. Signore, nè so ben ancora quello che io a far m'abbia; credo nondimeno che non tarderò più gran fatto qui molto. Rallegromi similmente con voi ancora del rimaner di Lorenzo a sopraccomito così onoratamente come ei rimase; e son certo che mai non sia più rimaso alcun sopraccomito così giovane, come è rimaso esso. Nostro Signore gli dia della sua grazia come a voi ha dato. Voglio tornar a dirvi, che da qui innanzi quanto userete più modestia nelle vostre lettere con la Repubblica, tanto sarete più laudato e acquisterete maggiormente. State sano e contento; chè noi avete fatti di voi contentissimi e lietissimi.

A' 6 di Settembre 1539. Di Padova.

AD ELENA BEMBA MIA FIGLIUOLA.
A PADOVA.

Ho veduto volentieri la tua ultima lettera, per la quale mi scrivi attendere con diligenza allo studio delle lettere, ma se io voglio sapere quanto è il tuo profitto, io lo sappia dal tuo maestro. Esso mi scrive che tu non impari niente: vedi ora tu come stai. Impara dunque meglio, e fatti più erudita che puossi, perchè non potrai aver parte in te più bella di questa. Del cucire mi piace, e credolo, però che sei in cura di madonna Laura che è la più valente maestra in quest' arte che abbia cotesta città ed ogni altra. Sopra tutto mi piace che abbi appreso a dir l'ufficio e sii fatta buona monaca, perchè questo ti potrà giovare quando sarà tempo che tu possi esser badessa. E a me anche farai piacer grande a pregar Nostro Signore Dio che m' inspiri a far la volontà sua, e il debito mio con Sua Maestà. Rendi grazie a madonna la badessa delle salutazion sue, e a madonna Laura descalza. Saluta tu da parte mia le mie reverendissime parenti le Noali, e attendi a crescere in buoni e santi costumi non meno che in persona; e sta sana; e saluta la tua Lucia da mia parte, e dille che mi piacerà sentire alcuna cosa di quelle ch'ella sa che io disidero d'intendere.

La vigilia del Natal di Nostro Signore 1539. Di Roma.

A M! COLA BRUNO.
A PADOVA.

Intesi quello che a' dì passati mi scriveste essere avvenuto al nostro amico, che m'increbbe grandemente. Increbbemi eziandio che l'altro pure nostro amico se ne fosse risentito così palesemente, e se ne risentisse tuttavia. Col primo dorretevi del caso, dicendogli a nome mio, che più vergogna riporta chi ingiuria un buono e da bene uomo ingiustamente, che colui che è ingiuriato. Al secondo potrete dire, che poscia che 'l suo adirarsene e riscaldarsene non può levare il danno e incarico altrui, ma potrebbe recare a lui più briga che non gli bisognerebbe, e ora dà molta noia a' suoi qui, che temono di quello che avvenire gliene potrebbe, io il priego con quello amore che egli sa che io gli porto, che egli se ne dia pace, e si rimetta, e non frughi con più stimolo che a lui non si conviene, le vespe anzi calabroni che 'l potrebbono offendere di mala maniera. Egli ha assai satisfatto alla amicizia; ora pensi di quietarsi, e avere risguardo ancora a' casi suoi, e alle cose che potrebbono avvenirli di coteste turbe non

convenevoli a' suoi studi, a' quali egli dee primieramente avere pensamento, essendo egli
in terra forestiera per farsi dotto e non per
far brighe e stare sull' arme. Chè io sentirò
volentieri che egli si rimetta oggimai, e attenda al suo studio come egli dee. Salutatell
a nome mio amendue. E state sano.

A' 20 d'Agosto 1540. Di Roma.

AL MEDESIMO.

Increscemi, quanto so che credete, la
morte del nostro buono e dotto messer Lampridio, molto più perciocchè siam privi d' un
grande e raro uomo, che per conto di Torquato, ancorachè non poco m' incresca la sua
perdita per questa cagione. Bisogna tollerare
e portare in pace tutto quello che N. S. Dio
manda. L' uffìcio di Monsignor reverendissimo di Mantova verso Torquato mi è stato carissimo. Non si potea attendere altro da così
nobile e cortese Signore: io scriverò di qui a
Sua Santità ringraziandonela. Ho pensato
che teniate Torquato appo voi, e vediate che
messer Antonio Fiordibello gli legga Cicerone, e quello che fia bisogno in latino; il qual
messer Antonio potrà essere attissimo a ciò; e
se vi paresse che egli fosse atto anco a legger-
gli greco, si potrà voler questo uffìcio anco
da lui; il quale io stimo che per la sua molta
bontà non ricuserà pigliar questa fatica per
amor mio. Se questo avviso procederà, non
bisognerà pensar d' altro; se non procederà,
si potrà pensar di messer Trebazio, o di chi
meglio vi parerà che sia. Non so se il male

del fianco vi dà più noia; quando così fosse, ho avuto di buonissima parte per cosa approvatissima e maravigliosa, che il far bollire dell'agrimonia, e pigliar due dita di quell'acqua tiepida, leva tutto quel male. L'agrimonia è quella erba con la quale, e con foglie d'oliva, io ho altre volte guarito due fistole, come sa messer Federigo nostro che me l'insegnò. La bollitura dee calare per lo terzo. Il cardinal san Jacopo molto signor mio, e molto buono e di alta stirpe, ha tolto per ricordo mio di questa acqua d'agrimonia a' dolori di fianco che gli hanno dato noia a questi dì, e ne ha sentito grande giovamento. Ha avuta l'acqua da certi frati qui, che ne fanno d'ogni sorte a lambicco, forse che li Jesuati nostri di Padova ne fanno anco essi, e potreste usar di quella, che peravventura fie migliore che quella dell'erba semplicemente cotta e bollita in lei. State sano.

A' 25 di Settembre 1540. Di Roma.

Al Medesimo.

Tra li Cardinali fatti nuovamente è pur uno monsignor Marcello Cervino, il quale fu secretario di monsignor reverendissimo Farnese, e fece molti buoni ed amorevoli ed affezionatissimi ufficii per me, e innanzi il cardinalato mio ed in esso, e dappoi ha fatto sempre. È persona prudentissima e di gran giudicio nelle cose del mondo: è stato Legato di N. S. appresso Cesare ultimamente, ed ora è tornato, con molta soddisfazione di Sua Santità e di tutto il Collegio. Ora questo Signore ha un fratello suo carnale in Padova allo studio in leggi. Vorrei per ogni conto che lo visitaste prima amorevolmente, e poi lo 'nvitaste a casa, e gli deste pranzo e cena alcuna volta, ed in somma faceste quel tutto che è in voi per mostrargli gratitudine, siccome io debbo. Stimo che egli si diletti di cose antiche, siccome il suo cardinal fa; però potrete mostrargli lo studio e le medaglie, e tutto ciò che a lui fie in piacere. In somma fategli vezzi, ed operate che esso conosca che io son grato, e conosco i piaceri e beneficii fattimi da suo fratello. Domattina vò a Civitavecchia con Nostro Signore, dove m'ha fatto invitare Sua Santità. Perchè l'Elena m'ha fatto chieder licenza d'imparare a sonare di clavicordio, ditele per parte mia, che a me non pare che sia da donna onorevole e di elevato animo il mettersi a voler sapere sonare; e che a me non piace per niente che ella ponga tempo in questo, siccome non mi piacque anco mai che Antonia mia sorella sonasse: la quale però ebbe la comodità di Cammillo nostro cugino che ne stava in casa, e tuttavia non seppe mai sonar bene, e più tosto si facea burlare in sonando che altro. E nel vero non può ben saper sonare donna che non si dia tutta a quello esercizio, e niente ad altro; e però sonare e no 'l saper ben fare è di poco piacere e di minor laude: saper ben sonare, e lasciar gli altri esercizii più laudevoli, è cosa ancora molto più biasimevole. S'ella spenderà quel tempo in lettere, sarà da esser laudata molto più, e più potrà piacere in lei la dottrina delle lettere che quella del sonare.

Torno a dirvi che facciate diligenza di trovare alcun buono e modesto precettore che basti per Torquato e per la Elena; e più che egli sia d'alcun conto, più mi fia caro. Questi sono i miglior danari che si spendano. State sano.

A' 31 d' Ottobre 1540. Di Roma.

A M. GIROLAMO QUIRINO.
A VINEGIA.

Che la mia lite si sia perduta, ancora che io certo sono che mi sia stata fatta ingiustizia, pure voglio prendere in grado tutto quello che Nostro Signor Dio manda, quando nessuna cosa può avvenire senza volontà e permission sua; e crederò che Sua Maestà abbia così voluto affine che io pensi meno a quella villetta che mi solea dilettare assai, la quale nel vero senza quella acqua è priva del maggior comodo ed ornamento suo. Quello di che più m'incresce è la noia e la fatica e sinistro che ne avete preso voi, sopra le cui spalle è stato tutto il peso di questa bisogna, e che ne hanno preso e sentito messer Giovan Matteo Bembo, messer Bernardino, monsignor Boldù e messer Giacopo Bianco, a' quali renderete grazie per me della cura e diligenzia loro. Al mio amorevolissimo ed eccellentissimo compare messer Giacopo Bonfio, che con tanto affetto, cura ed ardore così constantemente e sopra l'usanza degli altri patroni delle cause e senza premio alcuno, meritandone infinito, ha difesa questa mia lite, facendola vie più che sua propria, scrivo io

Bembo.   15

alquanti versi rendendonegli quelle più vive
grazie che io posso. E priegovi tutti insieme,
e nondimeno voi sopra gli altri che più lungamente faticato ed affannato ve ne sete, a
darvene pace, certi che io ricevo con fronte
non mesta nè malcontenta, ma ancora con
allegra la volontà, come io dissi, del Signore
di sopra, che maggior Signore e più giusto è
che questi nostri giudici qua giù non sono;
e saprà e potrà, se alla sua bontà piacerà, ri-
compensarmi tutto il danno che a gran torto
ed ho sentito io molti anni per lo addietro
della ingiuria fattami dagli avversarii miei, e
sentir potranno i miei, più che io, per lo innanzi della ingiustizia che ora mi vien fatta.
State sano.

A' 25 di Marzo 1541. Di Roma.

A MADONNA LEONORA DUCHESSA DI URBINO.
A URBINO.

Io avea in qualche parte rasciutte le lagrime cadutemi per la morte del nostro monsignor reverendiss. Fregoso, toltoci così subi-
tamente e importunamente, quando le lettere di Vostra Eccellenza, scrittemi di mano
sua, me le rivocarono negli occhi, e molto più
abbondantemente nel cuore; vedendo io lei
sì ragionevolmente e con tanta pietà dolersene meco. E certo che Vostra Signoria non
solo ha perduto un raro amico e parente e
prudentissimo e santissimo signore, ma ancora, siccome ella dice, tutta la Cristiana Repubblica ha fatto in ciò una grande e incomparabile perdita a questi così duri e disordinati

e perniziosi tempi. Di me non dirò molto, sì perchè già ne scrissi a questi dì a Vostra Eccellenza alcuni pochi versi, e sì ancora perchè siccome io conosco dal mio il grave dolor di lei (che sapea l'amore e la osservanza che tra l'una e tra l'altro di voi era) così certo sono che Vostra Signorìa conosce il mio cordoglio per la stata già tanti anni verso me carità di quel signore; e la mia verso lui osservanza è affezione ardentissima, non mai offese da una sola parola nè dall'uno nè dall'altro di noi dalla prima e tenera giovanezza sua e virilità mia insino a questo giorno. Sommi oltre a ciò doluto, che veggo Vostra Signorìa in questi anni lungamente attristata dalla morte del Signore suo di bona memoria, e ora da questa del cardinale augurarsi d'avere a viver poco. Il che non è già officio della prudenza, che ho sempre conosciuta in lei, e che predicava il cardinal medesimo; perciò che tanto più dee Vostra Signorìa pensar di vivere, quanto sete più rimasa sola a procurare il bene e commodo delle vostre tenere piante, che a canto vi sono. Oltra che vivendo potrete giovare più lungamente alle anime di questi due Signori, pregando e bene operando per loro, e farete utile e commodo a tante altre parti, che dal vostro santo animo attendono ogni lor bene e prosperità e vita. Dunque Vostra Signorìa non parli più così; anzi si conforti col re del Cielo che così ha permesso che sia, e s'accordi con la sua volontà e giudizio, che non può errare. Quanto alla parte dove ella dice, che io le sono rimaso in luogo di questo buon Signore per padrone e per padre e per fratello, la rendo sicura, che nessun dì verrà mai nel quale io non disideri potere adoperarmi ad ogni volere e satisfazione di Vostra Eccellenza; nè cedo in questa parte a Monsignor Reverendissimo vostro fratello. Vostra Signorìa mi tenga per veramente e propriamente e debitissimamente suo, e per tale mi spenda, e di me si vaglia senza risparmio alcuno, chè ne le do di ciò, e dono e consegno piena libertà; la qual libertà e facoltà, mentre io averò vita, non le sarà da potere alcuno della fortuna rivocata giammai. All'incontro pregherò ora lei che attenda alla sua sanità e a vivere, e non solo a vivere ma ancora a vivere più lieta che ella può, e a questo modo si vendicherà della fortuna che tanto s'è adoperata per attristarla. Messer Flaminio Tomarozzo mio secretario, il qual mando all'Eccellenza del Signor Duca e a Vostra Signorìa, le dirà il rimanente delle cose mie, e di quelle che a me apparteneranno per l'innanzi per conto del Vescovato che ha governato così bene cotanti anni quella benedetta anima; e parimente della cortesia fattami da N. S. Al qual messer Flaminio Vostra Signorìa sarà contenta dar piena fede, non meno che a me proprio. Nella cui buona grazia mi ridono e raccomando.

A' 11 d'Agosto 1541. Di Roma.

AD ELENA BEMBO.

A PADOVA.

Io avea inteso questi mesi passati che tu eri fatta superbetta e ritrosetta, e che la Lucia non ti poteva governare, e che non l'ascoltavi più e volevi fare ogni cosa a tuo modo, nè la ubbidivi nella maggior parte delle cose che ella ti dicesse. La qual cosa avere intesa m'era di singolar dispiacere, perciò che le fanciulle che sono di questa qualità crescono poi con gli anni in tanta alterezza ed ostinazione nelle lor voglie che nè mariti, nè parenti, nè amici sopportare le possono, e sono odiate da ciascuno. Oltra che mi doleva che la Lucia, la qual per amor tuo s'era chiusa in quel monistero per allevarti, e portava quella vita per te, la quale se non fosse stato il rispetto tuo io arei maritata ed ella viverebbe libera in casa sua, ora cogliesse tal frutto delle sue fatiche e dell'amore che ella ti portava infinito, che tu non la curassi e ubbidissi come dovevi. E certo che io ne sentiva affanno non poco. Fui in pensiero di scriverti, ed anco avvertirne messer Còla, ma dovendo andar messer Carlo da Fano a Padova, mi ritenni e pregai lui che di ciò s'informasse, sopra tutto da essa Lucia siccome fatto ha: la quale gli ha detto, che io ho inteso il falso, e che tu la ubbidisci e sei riposata garzona ed umile e buona come e quanto si conviene; il che io gli ho creduto con molto piacer mio, ed emmi stato più caro questo che non sono state le quattro foderette belle che m'hai mandate, se ben fossero non dico

belle come sono, che mi sono piaciute assai,
ma se fossero tutte d' oro battuto ; chè fo più
stima che sii tu gentile e modesta e amabile
per costumi e per virtù, che d' ogni tesoro.
Dunque confermati in esser tale quale m' ha
detto messer Carlo, e oltre a ciò, crescendo
tu in persona, cresci anco ogni dì più in belli
e gravi e dolci e amabili costumi, almeno
affine che io abbia cagione di far più per te,
se non vuoi farlo per bene ed onore e utilità
propria e per amor della virtù, che è la più
bella parte che possano aver gli uomini. Saluta la signora Badessa da mia parte e le re-
verende nostre parenti e madonna suor Laura e la Lucia, e ringraziala della buona relazione fatta di te a messer Carlo. Sta sana.
A' 19 di Novembre 1541. Di Roma.

ALLA MEDESIMA.

Ho piacere che tu stia bene, come mi
scrivi, e che tuo fratello attenda con diligenza allo studio, il che tutto tornerà a suo onore e profitto. Quanto alla grazia che tu mi ri-
chiedi, che io sia contento che tu impari di
sonar di monacordo, ti fo intender quello che
tu forse per la tua troppo tenera età non puoi
sapere, che il sonare è cosa da donna vana e
leggiera, ed io vorrei che tu fosti la più grave e la più casta e pudica donna che viva.
Oltre a questo, se tu saperai mal sonare ti
fia il sonar tuo di poco piacere e di non poca
vergogna ; sonar poi bene non ti verrà fatto,
se tu non ispendi in questo esercizio dieci o
dodici anni senza mai pensare ad altro: e

quanto questo faccia per te, tu il puoi considerar da per te senza che io il dica. Dunque lascia stare di pensar più a questa leggierezza, e attendi ad essere e umile e buona e savia ed ubbidiente, e non ti lasciar portare a questi disiderii, anzi resisti loro con forte animo. E se le tue compagne disiderano che tu impari a sonare per dar loro piacere, di loro, che tu non vuoi dar loro da ridere con tua vergogna. E contentati nell'esercizio delle lettere e nel cucire, i quali due esercizii, se tu farai bene, non avrai fatto poco. Ringrazia quelle madonne delle orazioni che elle fanno per me, alle quali resto di ciò obbligatissimo. Sta sana, e saluta la Lucia.

A' 10 di Dicembre 1541. Di Roma.

A Madonna Veronica Gambara.
A Brescia.

Jeri, che furono i 16 di dicembre, ebbi la dolcissima lettera di Vostra Signoria scritta agli otto del passato, pervenuta prima a Roma, e poi mandatami qui; nella quale veggo il suo continuato e costante disiderio di rivedermi. Il che mi fa in parte maladire i risguardi dell'una e dell'altra nostra condizione e stato, chè amendue ci ritengono mal grado nostro di poterci rivedere e soddisfarci di questa così picciola e cotanto aspettata contentezza delle nostre anime. E vorrei alle volte essere quel libero Bembo che io già fui, più tosto che questo che io ora sono. Ma che se ne può altro? l'umana condizione abbondevole più delle cose che spiacciono che di quelle che sono disiderabili e care, così porta; e più savio è colui che meno se ne dispera e più s'accomoda con la necessità, che quelli non sono che meno il fanno: il che confesso che io far non so in questa nostra privazione e quasi esilio di noi medesimi. Sono dunque ora non in Vinegia nè in Padova, come Vostra Signoria estimava che io fossi, ma in Ogobbio alla mia chiesa, luogo gentile ma assai selvaggio a dire il vero e di poca commodità; e subito giunto qui ho avuto la maggior parte della mia famiglia malata, e di più ho perduto un buono e singolar cappellano, che s'è morto. E nondimeno penso di starmi qui qualche mese; dove chiamerò Vostra Signoria con l'animo ad una assai bella ed amabile villa che io ci ho, siccome credo che Vostra Signoria chiami alle volte me al suo bel casino. Del rimanente, poscia che io così sono obbligato e servo come Vostra Signoria mi vede essere, non so che dirmi, se non che io mi rimetterò nel volere del vero e primo Nostro Signore Dio, e so che Vostra Signoria per la sua prudenzia e bontà farà il somigliante, e molto meglio farè il saprà che nol so fare io. Quando Vostra Signoria scriverà al reverendissimo e illustrissimo Signor vostro fratello, la priego a raccomandarglimi, e sempre a star sana e lieta, e serbar verde la memoria dell'affezion mia verso lei; siccome veggio chiaramente, che ella fa.

A' 17 di Dicembre 1543. Di Ogobbio.

A Madonna Lisabetta Quirina.
A Vinegia.

Ho letta volentieri l'amorevole e prudente lettera vostra, molto valorosa madonna Elisabetta e da me amata ed onorata come sorella, per la qual lettera mi dite che perciò che la volgare lingua è oggimai in molto prezzo e stima salita, e più in uso e in disiderio del mondo che non è la latina, suole tutto dì avvenire che quelle scritture latine che a mano degl'impressori vengono, tosto che essi le hanno le fanno volgere in volgare, se d'esser lette meritano, e le stampano altresì per cupidigia del guadagno che ne torna loro; perciocchè in molto maggior numero ne vendono delle volgari che non fanno delle latine. Anzi dicono essi stessi, che poche scritture latine vengono loro richieste dagli uomini, e forse meno che per la decima parte a comparazione e rispetto delle volgari; e per questa cagione avete pensato che quando la istoria della nostra patria, che io scritta ho, uscirà fuori ed in mano degli impressori verrà, ella fia senza dubbio alcuno ridotta da loro in volgare; chè non vorranno perderne quel guadagno, il qual guadagno tanto maggior sarà quanto ogni qualità d'uomini, essendo ella istoria, volentieri la leggerà. E perchè le scritture latine fatte volgari dagl'impressori sogliono per lo più disonoratissime essere ed iscorrettissime, chè d'altro non curano se non che elle volgari siano, mi ricordate che bene sarebbe che io, che l'ho latina fatta, la facessi eziandio volgare affine che ella uscisse anco in questa lingua tale quale dee, opera e fatica mia essendo. A che rispondo; che io ho da rendervi molte grazie, avendo voi pensato a quello in utilità e profitto mio a che io medesimo pensato non avea, chè non m'era nell'animo venuto che la mia istoria dovesse essere volgare fatta giammai; ed ora certo sono che così appunto le avverrebbe come voi dite. Ma che vi posso, o pure vi debbo io promettere sopra ciò; che ho le cose volgari lasciate in tutto da parte? Oltra che non m'avvanza tempo da spendere in altro che in attendere a fare il debito mio con questa Santa Sede e con Nostro Signore Dio, come cardinale e come vescovo. Questo di altra vita, altri costumi si ricerca. Ma tuttavia per non mancare in ogni parte del vostro ricordo, a me stesso m'è venuto nell'animo di trovare alcuno mio amico atto a ciò, e pregarlo a fare in mia vece questa fatica, e così col vostro avvertimento darò al mio bisogno riparo. State sana e seguite in giovare agli amici vostri col vostro fertile e pellegrino ingegno.

A 7 di Febbraio 1544. Di Ogobbio.

A M. GIROLAMO QUIRINO.
A VINEGIA.

Nostro Signore manda a Vinegia per nunzio suo monsignor della Casa, il quale è tanto amico mio quanto niuno altro uomo che io in Roma abbia, dal nostro messer Carlo in fuori. E che egli mio amico sia ve ne potrete avveder voi costì assai tosto; ma incominciate ora da questo, che avendo egli una bellissima casa qui per sua stanzia, della quale paga intorno a scudi trecento l'anno d'affitto, a me la lascia cortesemente senza volere che io ne paghi un picciolo, acciò che io l'abiti fino al suo ritorno, e lasciatami con molti fornimenti e con un bellissimo camerino acconcio de' suoi panni molto ricchi e molto belli, e con un letto di velluto ed alquante statue antiche ed altre belle pitture, tra le quali è il ritratto della nostra madonna Lisabetta, che Sua Signoria ha tolto a messer Carlo: della quale stanzia penso dovere avere una gran comodità. Questa casa è, per quanto ella è, la più bella e meglio fatta che sia in tutta Roma; ed avea esso Monsignor infiniti che l'averebbon tolta con pagargli l'affitto di molta grazia, ed ha più tosto voluto darla a me senza che io la richiedessi. Mi dà ancora e lascia per questo medesimo tempo una bellissima vigna poco poco fuori della più bella porta di Roma, che è quella del Popolo, senza che io abbia ad aver di lei spesa alcuna. Vedete se io gliene debbo aver obbligo! Questo gentil signore farà molto conto della persona vostra, sapendo quello che sete meco; il che a me sarà gratissimo, avendo allo 'ncontro caro che facciate a Sua Signoria ogni dimostrazione e d'amore e d'onore. Ma tuttavia non di qualità che possiate esser notato: il qual rispetto, sicome so che vi è per vostra prudenzia, così voglio che per mio conto vi sia sempre nell'animo. State sano.

A' 3 di Agosto 1544. Di Roma.

AL MEDESIMO.

Il Petrarca che veduto avete, per incominciare a scrivervi da questa parte, dopo tanti dì che io scritto non v'ho, potrebbe essere il vero libro che io cerco. Perciò che quello era coperto di cuoio bianco, e non avea titolo veruno ch'egli dimostrasse essere stato del Petrarca. Vero è, che 'l cuoio era rovescio, e parea molto vecchio come ragionevolmente parer dovea, ed era forse della grandezza del foglio che mandato m'avete, se non che a me parea ch'egli fosse men lungo di quel foglio; ma in ciò posso agevolmente ingannarmi. Avea quel libro quattro brocche di rame ne' canti delle due tavole sopra il cuoio per una, e una quinta nel mezzo del cuoio e della tavola, schiette e ritondette e coppolute, larghe nel fondo quanto un soldo, delle quali non mi ricordo se ne mancasse alcuna: era stato il libro per tanto tempo assai ben tenuto, e leggevasi agevolmente. Questi sono gl'indizii che ve ne posso dare io; ma perchè non abbiate a dubitare sopra esso, vi mando la Bucolica del medesimo Petrarca, scritta di mano sua pure in carta pecora come era quello, nella qual Bucolica egli si scrive nel titolo e più manifestamente nel fine del libretto. Quello non avea se non i sonetti e le canzoni tutte: i trionfi non v'erano. Potrete da questo libretto, comparandolo a quello, raccertarvi se quello fie il vero. Quello non è scritto di così formata e bella lettera in tutto, come questo è della sua Bucolica. Il Petrarca vero non avea postilla alcuna, come

scrivete, in tutto lui ; il che mi fa più credere che egli possa esser quello che avete veduto. Nè sopra ciò vi dirò altro. Staté sanissimi
e lietissimi tutti.

A' 23 d'Agosto 1544. Di Roma.

AL MEDESIMO.

Ho avuto il Petrarca quando meno lo
credea avere, vedendo la cosa essersi ridotta
a Padova ; ma l'amorevole prudenzia vostra
ha potuto e saputo più che altri a questa volta, e quelli zecchini sono stati l'amo che ha
tratto questo pesce fuori dell'acqua. Siane
ringraziata Vostra Magnificenzia senza fine.
Non vi potrei dire quanto l'ho caro. Se l'amico mi desse ora cinquecento zecchini appresso a quelli non gliele darei. E' di mano del-
l'autor suo senza nessun dubbio ; ne avemo
ieri, messer Carlo ed io, veduto più d'un segno e più d'una infallibile certezza. Rende-
tene infinite grazie al buono e dotto Ramberti della fatica che egli ha presa per me;
non son per dimenticarlami giammai. Renderete grazie ancora al magnifico Tepolo a
nome mio della favorevole espedizion della
lettura del nostro messer Goro, chè nel vero
mi è stata gratissima. Ho singolar contento
di quello che mi scrivete della estimazione e
credito che egli ha con tutta la patria nostra :
egli non può avere onore alcuno che non sia
assai minore dei suoi meriti per la bontà e
sincerità e valor suo. Io non ho il più antico
e caro amico e fratel di lui, e parmi essere
alla parte degli onor suoi. Raccomandatemi

a S. M. senza fine, come senza fine l'amo, così convenendosi amare una infinita virtù come la sua è. State sano.

A' 20 di Settembre 1544. Di Roma.

AL MEDESIMO.

Io amo assai il reverendissimo monsignor di Torcello, e disidero grandemente ogni onore ed esaltazion sua, e son per dargli più aiuto e favor che io potrò in ogni occasione che mi si pari dinanzi, siccome vi scrissi per le altre. Ora che mi scrivete che il signor Legato dice sentirmi maggiore obbligo per questo conto, che di cosa veruna che io giammai fatto abbia per S. S., faretele intendere che io aggiugnerò questo sprone al corso che io faceva per mia semplice volontà ed affezione, di modo che io non permetterò che alcun mi vinca in amarlo ed in fare per lui. Mi resta a dirvi, che 'l vostro, anco nostro, messer Tiziano è qui, il qual dice avervi una grande obbligazione in ciò che voi sete stato causa che egli è venuto a Roma, chè con le vostre amorevoli parole l'infiammaste a pigliar questo cammino del quale si trova tanto contento, quanto egli non basta a dire. Ha veduto oggimai tante belle cose antiche che il fanno sopra modo maravigliare e rallegrarsi d'esserci venuto. Il signor duca di Urbino gli ha usate molte amorevolezze tenendolo e conducendolo seco infino a Pesaro, e poi mandatolo qui con sue ottime cavalcature e compagnia, di maniera che egli confessa esservi grandemente obbligato. Salutate a nome mio la mia valorosa madonna Lisabetta, e quanto all'ultima parte della vostra lettera, veggo che ella ha un grandissimo giudizio in tutte le cose. State sani.

A' 10 d'Ottobre 1545. Di Roma.

A M. FRANCESCO DONATO ELETTO DOGE DI VINEGIA.

Ho inteso questi dì con infinita soddisfazion mia la grata e favorevole elezione di Vostra Serenità a Prencipe della patria nostra, ed insieme ho conosciuto questa patria con questo dono, e suo più alto e sublime grado, averle renduto degno merito alle molte fatiche e vigilie sue poste cotanti anni a comodo ed ornamento di quella bene instituita e governata Repubblica, e più lungamente conservata, la Dio mercè, che niuna altra giammai, per quanto facciano memoria le greche e le latine scritture. Di che io, il quale ne' primi anni miei le fui affezionato ed amorevole compagno, e poi sempre l'ho onorata e riverita, spinto ed acceso a così fare dalla molta bontà e molto valor suo, primieramente con lei mi rallegro di tutto il cuore; la quale averà per lo innanzi più largo campo da usare e adoperare le sue chiarissime virtù, che ella avuto non ha per lo addietro, e poi con la patria nostra medesima godo e ne fo festa non meno, a cui ha nostro Signor Dio dato nella persona di Vostra Serenità prudentissimo e diligentissimo governator della sua nave; il che dee stimato essere a singolar dono della sua pietà verso lei a questi così

poco fermi tempi e così torbidi, procellosi
e pieni di perigli e di rivolgimenti. Rimarrà
che io prieghi, siccome farò sempre, la Divina Maestà per la lunga vita di Vostra Serenità e per la felicità sua: la qual felicità,
perciocchè non potrà essere se non congiunta con la comune e pubblica, doverà esser da
ogni buon cittadin suo disiderata grandemente, e sarà da me al pari di qualunque più in-
timo e più famigliar suo in ogni tempo disideratissima. Alla cui buona grazia mi profero e raccomando.

Ai 10 di Dicembre 1545. Di Roma.

A M. Giovan Batista Rannusio.
A Vinegia.

Ho inteso con mio gran piacere la bella educazione che avete procurata a Paolo vostro figliuolo, avendogli dato così eccellente
precettore, come messer Iovita è, e così buona e costumata compagnia, come sono i figliuoli del signor cavaliere Albano. Ora perchè io amo messer Carlo da Fano quanto a-
mico che io abbia, e quanto dovete sapere,
ho pensato che una delle più care cose che io
possa fare a suo beneficio è di aiutarlo a bene
instituire i suoi figliuoli; a che egli attende
sopra ogni altra cosa. E perciò avendone egli
tra gli altri uno della medesima età che è il
vostro, e molto inclinato alle lettere e modesto e quieto tanto quanto altro figliuolo io
abbia mai conosciuto, oltrachè ha fatto nota-
bile progresso nello imparare, per la età sua,
ho voluto pregarvi con tutto l'affetto del mio

animo, che per amor mio siate contento ri-
ceverlo in cotesta compagnia sotto la disciplina del detto messer Iovita. Nè voglio che voi
di ciò sentiate spesa alcuna, anzi piuttosto
comodità: gran servizio riceverò se senza
danno alcun vostro darete loco a questo fanciullo, chè insieme col vostro, e quelli del signor Cavaliere, possa seguitare e negli studi
e nella buona creanza. Non vi so pregare più
efficacemente, che dirvi che io disidero questo per un mio figliuolo, chè in luogo d'un
mio figliuolo tengo questo di messer Carlo;
e perciò, se è mai possibile, siate contento di
compiacermi che ve ne arò sempre singolare
obbligo. Ho scritto al magnifico messer Girolamo Quirino che ve ne stringa anco egli,
per torvi ogni facoltà di poter ciò negare.
Aggiungo che questo fanciullo ha così bella
e dilicata pronuncia, che son certissimo che
questa sua parte farà gran giovamento al vostro ed a' compagni suoi; e non fia stato con
voi otto giorni che arete ben caro averlo ricevuto. Aspetto da voi amorevole risposta. State sano.

A' 13 di Marzo 1546. Di Roma.

AL MEDESIMO.

Alla molto dolce ed amorevole vostra
lettera, per la quale mi scrivete accettar da
me con allegro animo quel peso che non a-
vete voluto ricevere da molti altri che pregato instantemente ve ne hanno, e ciò è il
figliuolo del mio messer Carlo da Fano nella

vostra bella e rara scuola in casa vostra, non risponderò se non questo, che disidererò in ogni tempo che mi venga occasione di potervi dimostrare quanto questa vostra cortesia mi sia cara, e quanto per lei mi vi senta e sia per sentir sempre obbligato. La qual mia contentezza hanno accresciuta e fatta maggiore le particolarità che della detta vostra gentile scuola mi ragionate, e la proferta che me ne fa l'eccellente messer Jovita, che non potrei aver udita cosa più cara, e quegli altri due dotti e prudenti messer Cristoforo, messer Jacopo, che così prontamente si sono offerti a questa medesima cura: i quali tutti e tre io ringrazio con tutto il mio animo. A messer Jovita direte, che io l'ascetto non nel numero de' miei servitori, come esso dice, ma come io debbo, in conto di mio carissimo amico e fratello. Piacemi che voi siate il quarto tra cotanto senno in istruir quei fanciulli nella cosmografia e antica e moderna, chè non sarà poco utile e nobile opera, insieme con quelle degli altri. Messer Carlo si ha letto esso stesso la vostra proferta, chè gli ho data a leggere la vostra lettera, il quale ve ne resta tanto obbligato che non sa parole trovar bastanti a ringraziarvene tanto quanto esso vorria e vede convenirsi, nè vede l'ora che suo figliuolo sia in casa vostra; e tarderà poco ad esservi. Aspetterò il libro del Fracastoro che mi fate legare, nè vedo l'ora di vederlo: tanto mi avete di ciò acceso l'animo, dicendomi di quei suoi versi divini che 'l libro ha nel suo fine. State sano. A cui Nostro Signore Dio doni quanto merita la vostra molta vertù, che merita infinitamente.

A' 3 d' Aprile 1546. Di Roma.

A TORQUATO BEMBO.

A PADOVA.

A me avanza poco che risponderti, altro che lodarti se fai quello che mi scrivi di fare: il che farei volentieri se io fossi certo che così fosse; ma tanto tempo è che mi dai perpetue cagioni di dolermi del tuo poco ardente animo agli studi, che ancora che messer Felice mi scriva in consonanzia delle tue lettere, io poco ardisco di credere nè a te nè a lui. So che ogni picciola occasione di sviarti dallo studio è sempre subito da te presa per grande, e che in nessuna cosa sei più costante, che in esser debole allo apprender virtù e dottrina; la qual cosa non è opera di generoso cuore, come vorrei che fosse il tuo; e so anco se inganni me, tu inganni molto più te stesso. Questo dico, perchè sarebbe uffici tuo studiar di modo che il tuo maestro ti riprendesse della troppa diligenzia, e alle volte cercasse di levarti dai libri, il che son certo che esso non faccia giammai, nè tema della tua sanità per questo. Ma alla fine se tu non t'invaghirai ed accenderai da te stesso a non voler rimanere ignorante, il danno sarà il tuo. Se io avessi dormir voluto tutti i miei sonni, quando io era della tua età, potresti tu ora giustamente riprendermi, come io te posso e non puoi tu me. Sta sano e salutami il signor

cavalier Albano, e rendigli molte grazie del-
l'amore che Sua Signoria ti porta.

A' 25 di Settembre 1546. Di Roma.

A M. UGOLINO MARTELLI.
A FIRENZE.

Confesso, magnifico messer Ugolin mio,
non avere io giammai sperato che tanto onore da persona mi venisse di così poca scrittura mia, chente un sonetto è, quanto mi veggo esser venuto novellamente da voi: sì bella, e sì dotta, e sì piena isposizione avete voi fatta sopra quel mio picciol parto (1) E dico di più, che non solamente sete col vostro maestrevole ingegno entrato nel mio animo, ed in lui avete scorti minutamente tutti que' pensieri, senza mancarne un solo, che io già ebbi nel comporlo, ma questo ancora, che voi ce ne avete cotanti altri belli e lodevoli a maraviglia immaginati da voi ed aggiunti sopra i miei, che si può giustamente estimare che voi abbiate molto maggiormente meritato dichiarandolo, e quasi col vostro latte crescendolo, che io fatto non ho generandolo. Della qual vostra non leggiera fatica e diligenza posta in onorarmi così altamente, come fatto avete, vi rendo quelle grazie che io posso maggiori, tenendomivi per questo di gran somma debitore ed obbligato. E rallegromi oltre a ciò con voi, il quale conosco molto più dotto essere e scienziato divenuto in questo mezzo

(1) Intende della Lezione che fece il Martelli al Sonetto: *Verdeggi all' Appennin la fronte e 'l petto.*

tempo che veduto non v'ho, che io non arei creduto se detto mi fosse stato da chi che sia. E spero che in brieve siate per empiere le speranze di chiunque più v'ama, in rendervi eccellente e singolare a tutti gli uomini: il che non potrà essere senza bella e nuova palma e della famiglia e della patria vostra. Alla qual patria si veggono in questa nostra assai travagliata stagione altri lumi ancora, insieme col vostro accesi, a crescere di giorno in giorno e pigliar molto di vigore e di forza per più e più illustrarla. D'una cosa in questa vostra così bella operetta e per rispetto mio e per vostro m'incresce, e ciò è che m'avete vie più che non si conveniva con la vostra eloquenza lodato, e dorreimi di voi se degli uomini cortesissimi altri rammaricar si potesse; perciocchè nè io potrò cotante mie lode sostenere, nè voi altresì il vostro medesimo giudicio. Quantunque peravventura, poscia che questa colpa da grande abbondanza nasce e di amore e di cortesia, meno ella merita ripresa essere. State sano e salutatemi il nostro dotto ed amorevole Varchi.

.... 1546. *Di Roma.*

A M. Gio. Giorgio Trissino.

Perchè io non fui mai di così picciolo e ristretto animo che piacendo a chi si sia alcuna delle cose mie, purchè gentil persona fosse, per bella o di valor ch'io la tenessi, gliel'abbia negata, vedendo che Vostra Signoria ora mi niega una delle non in tutto sue, nè di molto prezzo, non posso non istimar che vero sia quel che mi scrivete, ch'ella vi sia per alcun importantissimo rispetto cara. Però assai mi duole averne fatto richiesta, non perchè io sia rimasto ingannato di voi, il quale sempre ho riputato esser gentile e valorosa persona molto, ma sì bene perchè io stimo abbiate sentito alcun rincrescimento che vi sia stato bisogno negar, a me che a voi nessuna cosa averei negato, una richiesta così leggera. Io stimava, pregandovi a donarmi le vostre ragioni sopra la medaglia di messer Anton Niccolò, quanto io vi spiaceva privandovene, tanto piacervi rimanendovene obbligato, credendo di voi quello che in me provo, cioè, che nessun più utile guadagno si faccia che donando bene, e che non si possa ragunar più ricco tesoro che di buoni amici, e con questa credenza vi scrissi, e perchè sappiate che non minor cagione ha mosso me a pregarvi di quella che voi ha mosso a negarmi questo priego, dicovi che questa medaglia ha la somiglianza propria d'una donna che vive, la qual io assai onoro, ed è quella che io ho chiamato Berenice nelli miei Asolani, in modo che più caro mi saria stato che compiaciuto me ne aveste che qualunque altro dono io avessi da voi potuto ricever a questi tempi; tuttavolta nessuna cosa voglio da voi con vostra gravezza. A quanto dite che Valerio venne in contezza di questa medaglia per voi, e che diece anni sono che desiderate d'averla, perch'io m'ho posto in animo di credervi quanto scrivete, voglio stimar che Valerio m'abbia voluto ingannare, piuttosto che pensar che abbiate voi voluto usar meco questi infingimenti o menzogne. Se io ho preso error in giudicare che voi aveste chiesta la medaglia a messer Anton Niccolò per me, e di ciò v'incresce, increscavi ch'io abbia creduto che siate di cortese ed alto animo, perciocchè d'un basso ed avaro cuore non l'averei creduto. Delle offerte che in ogni altra cosa mi fate, vi rendo molte grazie, ma poichè in questa, ch'io pensai che non fosse la maggior del mondo, sono stato poco avventurato con voi, perdonatemi se più non sarò per farne prova.

Senza data.

INDICE

Lightning Source UK Ltd.
Milton Keynes UK
UKHW050807151222
413978UK00011B/844